배선희 제 2시집
1 권

페이지 배선희 작가와

아름다운 동행

도 서 청람서루
출 판

페이지 배선희 작가와

아름다운 동행 1 권

인　　쇄 : 2024년 11월 5일
발　　행 : 2024년 11월 5일

지 은 이 : 배선희
펴 낸 이 : 김왕식
편 집 장 : 금문찬
편집위원 : 이서연
펴 낸 곳 : 도서출판 청람서루

등록번호 : 제 2024-000136호
주　　소 : 경기도 고양시 일산동구 탄중로 429 성지프라자 4층
전　　화 : 031-919-2505
이 메 일 : wangsik59@naver.com
I S B N : 979-11-989851-7-0
가　　격 : 19,800원

무단 복제와 무단 전제를 글합니다. 잘못된 책은 바꿔드립니다.

"배선희 작가의 글은 세상의 아픔과 기쁨을 함께 담아,
깊은 울림으로 우리 마음에 다가옵니다."

"Writer Bae Seon-hee's writing
captures the pain and joy of the world
and resonates deeply in our hearts."

제1권 목차

목차 페이지 배선희 작가와
     아름다운 동행

머리말	
16	석등이 있는 집
28	나도 그랬었지
41	울산바위
55	자생식물
71	봄나들이
87	대나무 나라
100	무지개
114	그리움
127	자죽염

목차 페이지 배선희 작가와
　　　　아름다운 동행

139	봄 마중
151	꽃순이
164	해거름
175	혼불
190	새싹
202	김포공항
213	빈 병
225	푸른 연꽃 한 송이
241	그리운 이름 하나
발 문	작가의 삶의 철학과 작품세계

머리말

■

향기로운 발자국, 아름다운 동행

삶의 길을 걷다 보면, 어느 한적한 황톳길에서 문득 마주치는 사람이 있다. 그 사람의 존재는 바람처럼 스쳐 가지만, 마음 깊은 곳에 향기로운 흔적을 남긴다. 마주침은 짧지만, 그 순간의 향기에 취해 한참을 돌아서서 바라보게 된다. 언젠가 나도 저 사람이 될 수 있을까 꿈꾸지만, 그만큼의 빛을 내지 못할 때가 있다. 그럴 때면, 마음속 깊이 그런 사람을 찾고 동행하길 소망한다. 그리고 그 꿈은 마침내 이뤄진다.

바로 그분들이 여기에 있다. 아름다운 동행을 빛내는, 우리의 꿈과 삶의 방향을 함께하는 분들. 그리하여 도서출판 청람서루 김왕식 대표님과 "페이지 박선희 작가와 함께하는 아름다운 동행" 제 2시집에 함께하신 모든 분이, 그 향기를 품은 채 우리 앞에 펼쳐진다.
시 한 편 한 편이 한 걸음 한 걸음의 발자국처럼 남아, 삶의 여정을 수놓고 있다. 그 향기로운 발자국을 따라 걸으며, 우리 모두가 이 아름다운 동행에 함께하기를 바란다.

이 시집이 곧 당신의 여정에 작은 빛이 되고, 마음속 깊은 향기를 남길 수 있기를 소망하며.

2024. 11. 5

페이지 배선희 드림

페이지 배선희 작가와 함께하는 아름다운 동행

문학평론가 청람 김왕식

배선희 작가의 작품 하나하나를 깊이 들여다보고, 그 속에서 작가와 나누는 대화는 독자에게 크나큰 축복이다. 작품이 선사하는 감동뿐 아니라, 그 안에 담긴 배 작가의 숭고한 삶의 철학과 가치를 존중하며 작품을 읽는 일은 우리에게 큰 깨달음을 준다. 그의 글은 단순한 이야기의 나열이 아닌, 우리 삶의 진실과 공동선을 향한 따뜻한 시선이 담겨 있기 때문이다.

이러한 작가의 정신과 철학, 선한 영향력이 작품 속에 어떻게 녹아 있는지를 살피는 작업은 그 자체로 의미 있는 노정이다. 그래서 우리는 배선희 작가의 모든 작품을 하나도 빠짐없이 평석하며, 독자에게 깊은 감동과 깨달음을 전하고자 했다. 이를 위해 작가의 작품을 사랑하고 존경하는 많은 이들의 이야기를 모아, 작품마다 그들의 감상과 목소리를 실었다. 그들이 배선희 작가의 작품을 읽으며 어떤 생각과 감정을 느꼈는지, 그리고 그 작품이 그들에게 어떤 영향을 주었는지를 통해 우리는 더욱 풍성하게 작가의 세계를 이해할 수 있다.

더불어, 평소 작가를 존경하며 그의 글에 깊은 감명을 받은 지인들이 헌정시를 썼다. 그 헌정시들은 단순한 찬사가 아닌, 한 인간에 대한 경외와 사랑, 그리고 그가 세상에 전하는 아름다움에 대한 깊은 존경을 담고 있다. 그것은 가히 불후의 명작이라 해도 과언이 아니다. 시와 글을 통해 작가와 마음을 나누고, 그의 선한 영향력에 함께 공감하는 이들의 진심이 그대로 녹아 있기 때문이다. 그들이 작가에게 보내는 마음의 선물은 또 하나의 작품이자, 배선희 작가의 글이 세상에 얼마나 깊은 울림을 주고 있는지를 증명해 준다.

이 모든 과정을 통해 우리는 배선희 작가의 작품을 사랑하는 독자들과 함께 아름다운 석상을 세우고자 한다. 그 석상은 작가의 글에서 비롯된 감동과 지혜가 꽃피우는 장소이며, 그 위에서 우리는 함께 미소 짓고 따스한 온기를 느낄 것이다. 이 책을 세상에 내놓는 일은 그런 마음의 석상을 세우는 작은 시작에 불과하다. 우리는 그 시작을 통해 독자들이 배 작가의 글을 읽으며 더 큰 아름다움과 행복을 경험하길 바란다.

작가와 독자, 그리고 그 작품을 사랑하는 이들이 함께 모여 나눈 이야기와 감정의 조각들이 한 권의 책으로 엮였다. 이 책은 작가와의 대화이자, 작가를 흠모하는 이들의 마음이 모인 축복의 기록이다. 그래서 이 책을 통해 더욱 많은 이들이 배선희 작가의 글을 만나고, 그 속에서 마음의 울림과 위로를 얻기를 희망한다. 아름다운 삶을 위한 따뜻한 동행이 시작되는 이 순간, 우리는 그 여정에 함께하고자 한다.

이 책은 배선희 작가와 함께 세상을 더 아름답고 행복하게 만들고자 하는 모든 이들에게 바치는 작은 선물이다.

― 청람

작품

석등이 있는 집

반인반수의 십이지신상이 있는
천년고도의 서라벌
하늘 속을 풀어 땅을 다스리던
천관녀가 있어
김유신 장군의 묘 둘레석에
십이지신상을 세워 역사를 지킨 곳

발 내린 빛 고운 땅에
빙 둘레석에 열두 지신이
석등을 들어 올려 밝힌 저 하늘빛

세월에 깎이고 시달린
삼층석탑의 비로자나불이 눈 떠
빈 석등 틈새 눈길을 내고 있다.

석등이 있는 집,
세상의 운을 움켜쥐고
예나지나 오가는 사람들 발목 잡고
한 푸념 푸는 석등이 되게 한다

시인이 보면 시구절이 떠오르고
소설가가 보면 스토리가 풀리던가
박목월 시인도, 김동리 소설가도

천연기념물이 될 저 탱자나무의
골진 등걸 속을 들여다보았으리니
세월 영그느라 가시조차 무뎌진 것을

석등이 있는 집에
잠시 앉아 열두 신상이 되고 보니
세상만사 할 이야기가 둥둥 떠
석등 안에 호롱불로 켜지더라

■
문학평론가 청람 김왕식

배선희 시인은 현대 한국 문단의 중요한 목소리 중 하나로, 그의 시세계는 전통과 현대, 현실과 상상의 경계를 넘나들며 독자들을 새로운 감각의 세계로 이끈다. 그는 일상적인 사물이나 공간을 통해 인간의 내면과 삶의 본질을 탐구하는 데 뛰어난 능력을 발휘한다.

'석등이 있는 집'은 그의 이러한 특성이 잘 드러난 작품으로, 경주의 한 고택에 새겨진 석등과 그 주변의 풍경을 통해 시간과 공간, 인간과 역사의 교차점을 표현하고 있다. 이 시는 석등이 단순한 장식물이 아니라, 세월을 품고 있는 존재로서 시인의 철학적 사유와 감정을 담아낸 공간으로 묘사된다.
첫 행에서 '반인반수의 십이지신상이 있는 천년고도의 서라벌'은 경주를 배경으로 하고 있다. 서라벌은 신라의 옛 이름으로, 천년의 역사를 간직한 고도(古都)이다. '반인반수의 십이지신상'은 인간과 동물의 혼합체로, 전통적인 상징물이면서도 역사와 문화의 무게를 동시에 지닌다. 이 상징물들은 '하늘 속을 풀어 땅을 다스리던 천관녀'라는 표현과 연결되며, 신라 시대의 종교적·신화적 세계관을 떠올리게 한다. 천관녀는 신화 속 인물로, 이 시에서 자연과 인간, 신성의 조화로움을 상징한다.

'김유신 장군의 묘 둘레 석에 십이지신상을 세워 역사를 지킨 곳'이라는 구절은 역사적 공간의 현실감을 더한다. 김유신 장군의 묘는 한국사에서 중요한 장소로 여겨지며, 그 주위를 둘러싼 십이지신상은 역사의 수호자처럼 묘사된다. 이는 이 시가 단순한 과거의 회상이 아니라, 현재의 시각에서 재해석된 역사적 공간임을 암시한다.

'발 내린 빛 고운 땅에 빙 둘러앉은 열두 지신이 석등을 들어 올려 밝힌 저 하늘빛'에서는 '발 내린 빛 고운 땅'이라는 표현으로 경주의 자연과 역사의 아름다움을 강조한다. '석등'은 단순한 장식물 이상으로, 시간과 공간을 초월한 신비로운 존재로 그려진다. 열두 지신이 석등을 들어 올리는 장면은 마치 신화적 사건처럼 다가오며, 하늘과 땅, 인간과 신의 연결 지점을 형성한다.

이어지는 '세월에 깎이고 시달린 삼층석탑의 비로자나불이 눈 떠 빈 석등 틈새 눈길을 내고 있다'는 구절은 시간의 흐름 속에서 마모되고 변화한 석탑의 이미지를 그려낸다. 삼층석탑은 한국의 전통적인 불교 건축물로, 비로자나불은 우주의 본질을 상징한다. 이 구절에서는 비로자나불이 눈을 뜨는 장면을 통해 시간의 초월성과 깨달음의 순간을 표현한다. 빈 석등의 틈새에서 바라보는 시선은 마치 시인이 그 공간에서 경험한 깨달음의 순간을 독자와 공유하고자 하는 의도로 읽힌다.

'석등이 있는 집 세상의 운을 움켜쥐고 예나지나 오가는 사람들 발목 잡고 한 푸념 푸는 석등이 되게 한다'는 구절에서는 석등이 시간과 공간을 초월한 존재로, 인간의 삶을 품고 있는 공간으로 변모한다. 석등이 세상의 운을 움켜쥔다는 표현은 석등이 단순한 장식물이 아니라, 인간의 역사와 감정을 담아내는 그릇임을 의미한다. 여기서 석등은 사람들의 이야기를 듣고 그들의 삶의 일부분이 되는 매개체로 작용한다.

'시인이 보면 시구절이 떠오르고 소설가가 보면 스토리가 풀리던가'라는 표현은 이 장소가 단순한 역사적 유적이 아닌, 예술가들에게 영감을 주는 공간임을 강조한다. 시인과 소설가가 경험한 공간적 감각은 이곳이 단순한 물리적 장소가 아니라 정신적 공간, 창조적 공간임을 암시한다. '박목월 시인도, 김동리 소설가도 천연기념물이 될 저 탱자나무의 골진 등걸 속을 들여다보았으리니'라는 구절은 당대 문학가들이 느꼈던 감정과 사유를 현재로 끌어와 독자에게 전달한다.

'세월 영그느라 가시조차 무뎌진 것은'이라는 표현에서는 시간의 흐름과 그에 따른 변화, 그리고 그 변화를 통해 얻게 되는 지혜와 성찰을 담고 있다. 이 시에서는 가시조차 무뎌질 정도로 성숙한 세월을 상징하며, 그 안에 담긴 삶의 진리와 깨달음을 암시한다.

마지막으로 '석등이 있는 집에 잠시 앉아 열두 신상이 되고 보니 세상만사 할 이야기가 둥둥 떠 석등 안에 호롱불로 켜지더라'는 구절에서는 시인이 이곳에서 경험한 심리적·정신적 체험을 정리한다. 열두 신상이 된다는 것은 시인이 시간과 공간, 인간과 자연의 경계를 넘나드는 경험을 통해 얻은 깨달음을 의미한다. 석등 안의 호롱불은 이러한 깨달음과 사유의 상징으로, 시인의 내면에 밝힌 작은 등불이자, 모든 이야기를 담아내는 공간이다.

'석등이 있는 집'은 배선희 시인의 시적 철학과 감성이 깊이 반영된 작품이다. 석등을 매개로 시간과 공간, 역사와 인간, 자연과 신성이 어우러진 시적 공간을 창출하며, 독자들에게 새로운 사유와 감각의 세계를 제시한다. 이 시는 단순한 서사적 나열이 아니라, 섬세하고 다층적인 이미지와 상징을 통해 독자들에게 다양한 해석의 여지를 남긴다. 배선희 시인의 시적 세계는 고유한 감각과 철학으로, 한국 문학의 중요한 유산으로 자리 잡을 것이다.

■
배선희 시인님께

시인님의 '석등이 있는 집'을 읽고 가슴 깊이 울림을 느낀 사람으로서 이렇게 편지를 드립니다. 저는 불과 얼마 전 경주를 방문했던 한 여행객에 불과했습니다. 그곳에서 저도 김유신 장군의 묘를 보고, 천년의 역사를 품고 있는 경주의 풍경을 사진으로 남겼습니다. 하지만 그 모든 경험은 그저 얕은 스침에 지나지 않았습니다. 시인님이 이끄는 시선과 사유의 깊이로 그 공간을 다시 바라보니, 제가 얼마나 많은 것을 놓치고 있었는지 깨닫게 되었습니다. 시인님께서는 눈에 보이는 풍경 너머의 진실한 의미와 영혼을 담아내셨습니다. 그 마음의 눈으로 세상을 바라보는 법을 조금이나마 배우게 되어 감사의 마음을 전합니다.

시인님의 시를 읽고 저는 단지 몇 백 년 된 유적지를 본 것이 아니라, 살아있는 역사를 마주하고, 그 안에 깃든 수많은 이야기와 영혼을 느끼게 되었습니다. '석등이 있는 집'에서 시인님은 단순한 돌과 석상의 나열이 아니라, 수천 년의 세월을 거슬러 흐르는 시간의 숨결을 듣고, 그 속에서 말없이 깃들어 있는 인간과 자연, 그리고 신성의 이야기를 우리에게 들려주십니다. 석등과 열두 지신이 마치 한 시대의 수호자처럼 서서, 그곳을 지나가는 모든 이들의 발걸음을 지키고, 그곳을 오가며 살아온 이들의 숨결을 함께 품고 있다는 시선은 저에게 경외감을 불러일으켰습니다.

이 시를 읽기 전, 저는 그저 사진을 찍고 돌아오는 평범한 여행자에 불과했습니다. 그저 멋진 풍경과 고요한 공간을 사진으로 담고, SNS에 몇 장의 사진을 올리는 것이 여행의 전부라고 생각했지요. 하지만 시인님의 시를 통해 알게 된 것은, 진정한 여행이란 단순히 눈으로 보고 스쳐 가는 것이 아니라, 그곳에 깃든 이야기와 그곳을 지켜온 시간의 무게를 마음으로 느끼는 것임을 깨닫게 되었습니다.

시인님은 '발 내린 빛 고운 땅에 빙 둘러앉은 열두 지신

'이라는 표현으로 경주의 땅이 단지 땅이 아닌, 신령스러운 빛과 존재로 가득 찬 곳임을 말씀하셨습니다. 저는 그저 돌로 된 석상을 보며 '멋지다'라고 생각했지만, 시인님께서는 그곳에서 살아 숨 쉬는 열두 신상의 이야기를 보셨습니다. 석등을 들어 올려 밝힌 하늘빛이란, 그저 하늘을 비추는 빛이 아닌, 천년의 시간을 비추는 빛이었습니다. 시인님의 시를 읽고 나서야, 그 빛의 의미를 조금이나마 이해하게 되었습니다.

특히 시의 후반부에서 '석등이 있는 집 세상의 운을 움켜쥐고 예나지나 오가는 사람들 발목 잡고 한 푸념 푸는 석등이 되게 한다'는 구절을 읽으며, 석등이 단순한 돌이 아니라, 세월과 역사의 이야기, 사람들의 삶과 사연을 품은 하나의 존재임을 깨닫게 되었습니다. 시인님께서 보신 그 석등은 단지 역사적인 유물이 아니라, 그곳을 지나간 수많은 사람의 이야기와 숨결을 함께 품고 있던 것이었습니다. 그것이 제가 보고 느끼지 못했던 깊이의 차이였음을 이제야 알게 되었습니다.

시인님께서 이 시를 통해 보여주신 것은, 우리가 얼마나 많은 것을 놓치고 사는지에 대한 깨달음이었습니다. 역사의 현장에 서서도 우리는 그저 눈앞에 보이는 것만을 바라보고, 그 깊이와 이야기를 이해하지 못한 채 지나치기 일쑤입니다. 하지만 시인님은 그 깊이를 보셨고, 그 속에서 영감을 얻으셨습니다. 그리고 그 영감을 저와 같은 독자들에게 나누어 주셨습니다. 덕분에 저 또한 그 순간을 다시 생각해 보며, 새로운 의미를 부여하게 되었습니다.

저는 이제 다시 경주를 방문하게 된다면, 그곳의 풍경을 단지 시각적인 아름다움으로만 느끼지 않을 것입니다. 시인님께서 그려주신 시선으로, 그곳의 돌 하나, 나무 한 그루에도 깃든 수많은 이야기를 상상하며, 그 시간과 공간 속에서 그 이야기를 들을 수 있는 사람이 되고 싶습니다. 시인님의 시가 저에게는 그저 한 편의 아름다운 글이 아니라, 세상을 바라보는 새로운 창이 되어 주었습니다. 시인님께서 보여주신 그 깊이 있는 시선과 사유의 방식에 깊이 감사드립니다.

'석등이 있는 집'을 통해 저는 단순한 여행객의 시선을 넘어, 진정한 사색가의 눈으로 세상을 바라보는 법을 조금이나마 배웠습니다. 시인님의 시가 보여준 깊은 지혜와 감수성은 제가 앞으로의 삶을 살아가는 데 있어 큰 자양분이 될 것입니다. 다시 한번 감사드리며, 시인님의 깊은 시심이 앞으로도 많은 이들에게 큰 울림을 주기를 진심으로 바랍니다.■

나도 그랬었지

지하철 올라가는 계단에서
짧은 미니스커트를 입는 아가씨를 보며.
나도 저 나이에는 그랬었지?

손이 꽁꽁 나도 그랬었지 추운 날에
얇은 스타킹 하나에
하이힐을 신은 아가씨를 보며.
나도 그 나이에는 그랬었지?

치마에 주름이 생길까 봐
빈자리가 있어도 앉지 않고

서서 애써 편안한 척하는
멋쟁이 아가씨를 보며
아! 나의 젊은 날도 그랬었지!
연예인 사진을 책갈피에 꽂아두고
틈틈이 꺼내어 내려다보며
살포시 미소 짓는 여고생을 볼 때.

나도 여고시절 누군가에게서 온 편지를 읽다가
오빠에게 들켜 벌서던
나도 그런 때가 있었지?

연필을 돌리며 다리를 까닥거리며
팝송을 듣는 아이들을 보면서도
"다이얼 1161 박준홍입니다"에
잘 알지도 못하던 노랠 신청하던 그때가 있었지?

비 오는 날 밤,
수신인도 없는 편지에 밤을 사 담으면서

문틈 새로 떨어지는 빗줄기를 보면서 감동하던
어여쁜 두 가닥 땋은 머리 여고시절
그때 쓴 그 편지는 아직도 있으려나?

철없는 아이들의 조잘대는 얘기를 들으며
낙엽만 폴폴 날려도 까르르 숨넘어가던~~
그땐 나도 그랬었지?

논산 가는 버스 안에서
문득 나의 철없던 시절이 떠올라
유리창에 긁적거려보네!

■
문학평론가 청람 김왕식

배선희 시인은 일상 속에서 스쳐 가는 장면들을 통해 우리의 삶과 감정을 세밀하게 표현하는 능력을 지닌 시인이다.

그녀의 시는 지나간 시간에 대한 회상과 그리움, 현재의 감정과 현실의 충돌을 섬세하게 드러낸다. 이 시에서는 지하철 계단에서, 버스 안에서, 비 오는 밤의 창가에서처럼 누구나 경험할 수 있는 장면들을 통해 독자가 공감할 수 있는 감정을 끌어낸다.

특히 그녀의 시에서는 시간의 흐름에 따라 변화하는 인간의 내면과 청춘의 무모함과 아름다움을 따뜻하게 묘사하는 점이 돋보인다. 시인은 이러한 일상의 장면들을 통해 삶의 순수하고 무구한 시절을 그리워하면서도, 한 편으로는 현재의 나를 돌아보게 하는 깊은 성찰의 기회를 제공한다.
"지하철 올라가는 계단에서"라는 구절은 일상적이고 현실적인 장면을 배경으로 시가 시작됨을 알린다. 이어서 "짧은 미니스커트를 입는 아가씨를 보며"라는 묘사를 통해 젊음의 상징인 미니스커트가 등장한다.

이는 젊음의 무모함과 자신감을 상징한다. "나도 저 나이에는 그랬었지?"라는 회상은, 자신도 그런 시절이 있었음을 인정하며 과거와 현재의 나를 비교하는 시인의 시각을 나타낸다. 여기서 과거에 대한 그리움과 현재의 현실을 마주한 시인의 감정이 섬세하게 드러난다.

"손이 꽁꽁 나도 그랬었지 추운 날에"로 시작해 추운 날씨에도 패션을 위해 얇은 스타킹과 하이힐을 고집하는 아가씨의 모습을 묘사한다.

이는 젊음의 무모함과 자신만의 미적 기준을 고수하려는 마음을 상징한다. "나도 그 나이에는 그랬었지?"라는 반복된 표현은, 젊은 시절의 자신이 얼마나 철없고 무모했는지를 돌아보는 동시에 그 시절의 감정을 따뜻하게 회상하는 시인의 감정이 드러난다.

"치마에 주름이 생길까 봐 빈자리가 있어도 앉지 않고 서서 애써 편안한 척하는"이라는 구절이 등장한다. 이는 젊은 날의 외적 아름다움과 타인의 시선을 의식했던 시절을 상징한다. 젊음이란 때로는 불편함을 감수하면서도 자신을 아름답게 보이려 노력하는 시기임을 보여준다.

"아! 나의 젊은 날도 그랬었지!"라는 감탄은, 당시의 자기 자신을 인정하고 그리워하는 시인의 목소리가 담겨 있다.

"연예인 사진을 책갈피에 꽂아두고 틈틈이 꺼내어 내려다보며 살포시 미소 짓는 여고생"은 청소년기의 감수성을 극대화한다. 이는 우상화와 동경의 대상을 마음속에 품으며 순수한 감정으로 가득 찬 시기를 상징한다.

"나도 여고시절 누군가에게서 온 편지를 읽다가 오빠에게 들켜 벌서던 나도 그런 때가 있었지?"라는 문장은 개인적인 경험을 통해 독자들이 자신의 과거를 떠올리게 한다. 이 구절은 시인의 섬세한 심리 묘사가 돋보이는 부분이다.

"연필을 돌리며 다리를 까닥거리며 팝송을 듣는 아이들을 보면서도"로 시작해 자유분방하고 무심한 듯하지만, 그 속에 있는 감정의 흐름을 포착한다. "다이얼 1161 박준홍입니다"라는 당시의 라디오 프로그램을 통해, 시인은 한 시대를 대표하는 감성과 문화를 불러일으킨다.

"잘 알지도 못하던 노랠 신청하던 그때가 있었지?"는 무작정 했던 행동들을 떠올리며 그리워하는 시인의 마음이 느껴진다.

"비 오는 날 밤, 수신인도 없는 편지에 밤을 사 담으면서 문틈 새로 떨어지는 빗줄기를 보면서 감동하던"은 고독하고 감성적인 청춘의 한 장면을 그린다. 여기서 "어여쁜 두 가닥 땋은 머리 여고시절 그때 쓴 그 편지는 아직도 있으려나?"라는 질문은 시간의 흐름 속에서 잊히지 않는 감정과 기억의 소중함을 표현한다.

"철없는 아이들의 조잘대는 얘기를 들으며 낙엽만 폴폴 날려도 까르르 숨넘어가던~~"이라는 구절을 통해 어린 시절의 무구한 기쁨과 순수함을 상징한다.

이는 나이를 먹어가면서 점점 잃어버린 것들에 대해 아쉬움을 담고 있다. "그땐 나도 그랬었지?"라는 물음은 독자들에게도 동일한 감정을 불러일으킨다.
마지막으로, "논산 가는 버스 안에서 문득 나의 철없던 시절이 떠올라 유리창에 긁적거려보네!"라는 마무리는 현재의 자신이 지나온 시간과 경험을 회상하며 그리움과 아련함을 느끼는 시인의 모습을 그린다.

이 구절은 시의 전체적인 흐름을 마무리 짓는 동시에, 시간이 지나도 변하지 않는 감정의 본질을 담아내고 있다.

이 시는 배선희 시인의 섬세한 감수성과 과거를 그리워하는 따뜻한 시선을 잘 보여준다. 표현상의 특징으로는 과거와 현재를 잇는 회상의 형식을 통해 독자들에게 공감을 불러일으키며, 반복적인 구절 사용으로 리듬감을 주어 감성적인 몰입을 돕는다.

또한, 시 전체가 일상적이면서도 보편적인 경험을 통해 개개인의 추억과 감정을 상기시킨다는 점에서 시인의 가치철학이 드러난다.

배선희 시인은 시간을 초월한 감정의 연대를 통해 사람들에게 공감과 위로를 전하는 시인이며, 이 시는 그러한 그녀의 문학적 성향을 여실히 드러내고 있다.

■
배선희 시인님께

안녕하세요. 저는 시인님의 시를 읽으며 깊은 감동과 공감한 독자입니다. "나도 그랬었지"라는 시는 저의 가슴 깊은 곳에 자리 잡은 추억들을 하나둘 끄집어내며, 젊은 시절의 무모함과 아름다움을 다시금 떠올리게 해주었습니다. 시인님께서 일상 속 작은 순간들을 통해 인간의 보편적인 경험과 감정을 이렇게 세심하게 표현해주신 점에 대해 진심으로 감사드립니다.

시를 읽는 내내, 저는 시인이 묘사한 장면들 하나하나가 마치 제 과거의 어느 한 장면처럼 생생하게 다가왔습니다. 지하철 계단을 오르며 미니스커트를 입고 당당하게 걸어가는 아가씨를 보며, "나도 저 나이에는 그랬었지?"라는 회상에 공감하지 않을 수 없었습니다. 저 또한 젊은 시절에는 차가운 바람을 맞으면서도 패션을 포기하지 않았고, 무모하리만치 자신만의 아름다움을 추구했던 기억이 떠올랐습니다. 그 시절의 저를 마주한 것 같은 기분이 들었습니다.

또한, 시에서 묘사된 "연예인 사진을 책갈피에 꽂아두고 틈틈이 꺼내어 내려다보며 살포시 미소 짓는 여고생"의 모습에서는 풋풋하고 순수했던 소녀 시절의 감성이 물씬 느껴졌습니다. 저 역시 한때 그런 감정을 품고 성장해왔기에, 시 속의 여고생이 마치 저의 어릴 적 모습과 겹쳐 보였습니다. 그런 감정이 담긴 시를 읽으며 느낀 따스함과 그리움은 말로 다 표현할 수 없을 만큼 진하게 느껴졌습니다.

시인은 젊은 날의 철없던 시절과 그 시절의 감정들을 매우 따뜻한 시선으로 회상하며, 현재의 우리에게도 그때의 감정들을 다시금 생각하게 만드는 힘을 지니고 계신 것 같습니다. "손이 꽁꽁 나도 그랬었지 추운 날에"와 같은 구절에서는, 과거에 얼마나 자신만의 스타일을 고집했는지를 떠올리게 하며 그 시절의 무모함마저도 사랑스럽게 그려내고 계십니다. 이러한 시인의 표현은 독자들에게 따뜻한 위로와 함께, 과거의 자신을 돌아보며 현재의 삶을 더욱 소중히 여기게 만듭니다.

또한, "비 오는 날 밤, 수신인도 없는 편지에 밤을 사 담으면서"라는 구절에서는 누구나 한 번쯤 경험했을 법한 감성적인 순간들이 고스란히 담겨 있어, 그때의 감정과 분위기가 그대로 전해져 왔습니다. 저도 한때 밤을 새며 비 내리는 창가에 앉아 고독한 생각에 잠긴 적이 많았는데, 시인의 표현을 통해 그때의 마음이 다시금 떠올랐습니다. 그때 썼던 편지는 어디 있을까, 하는 생각도 들었습니다.

시인의 시는 그저 과거를 그리워하게 만드는 것에 그치지 않고, 우리에게 현재의 자신을 돌아보고 성찰할 기회를 제공합니다. "논산 가는 버스 안에서 문득 나의 철없던 시절이 떠올라 유리창에 긁적거려보네!"라는 구절에서 느낄 수 있듯이, 시인은 자신의 과거를 있는 그대로 인정하며 현재의 나와의 연결고리를 찾고자 하는 듯합니다. 이러한 모습은 시를 읽는 독자들로 하여금 자신을 돌아보게 만들고, 시간의 흐름 속에서 변해가는 자신을 따뜻하게 감싸 안을 수 있도록 해줍니다.

시인님의 시를 읽으며, 저도 저만의 추억들을 떠올리며 미소 짓기도 하고, 때로는 아련한 감정에 잠기기도 했습니다. 시인님께서 전해주신 따뜻한 시선과 깊은 감성은 많은 독자에게도 큰 울림을 주리라 생각합니다. 이렇게 깊은 감동을 안겨주신 시인님께 감사드리며, 앞으로도 시인님의 시를 통해 많은 이들이 자신의 과거를 돌아보고 현재의 삶을 더욱 소중히 여기게 되기를 바랍니다.

다시 한번 진심으로 감사드리며, 시인님의 건강과 행복을 기원합니다.

울산바위

조물주가 금강산을 만들 때
거대한 울산바위가 금강산으로 가던 길에
이곳에 눌러 앉았다더라.

마고선녀가 승천할 때
비선대를 남겨두고 갔으니
설악이 하늘나라든 지상에서든
뒤짐은 아니었나니.

진덕여왕 시절, 자장율사가
이곳에 절터를 잡고
신통제일의 석간수를 남기셨나니

그 한 모금에 어찌 갈증이 남으랴!

돌로 다듬어 불상을 모신들
바위와 사찰이 서로 보듬은 형상
어찌 갈라놓으랴.

운무가 산천 휘감아 승무를 추고
계곡마다 가락을 밟아 흘러
설악 단풍은 옮길 곳이 없네.

자연이 손을 뻗어
한 폭의 수채화 그리는데
그 속을 오가는 풍경과 사람들
어디로 가다 멈추었는가.

수시로 장을 넘기는
그림 속을 비집고 내려와
척산 온천에 온몸을 담그니

열린 문마다 설악 절경 걸려 있다
금강송 숲길을 타고 내려온
그윽한 솔향 이불로 덮으니
꿈엔들 더 갈 곳은 없고
여기저기서 오가든 이들 예서 잠드니
울산바위만 우뚝 멈추었으랴!

■
문학평론가 청람 김왕식

배선희 시인은 자연과 인간의 공존, 그리고 그 안에 깃든 철학적 사유를 깊이 탐구하는 작가이다. 그녀의 시 세계는 자연을 단순히 대상화하지 않고, 그 안에 내재한 생명력과 자연의 소리, 빛, 색감을 정교하게 묘사하면서 동시에 인간의 내면과 연결 짓는다.

'울산바위'라는 시에서 배선희 시인은 울산바위와 그 주변의 풍경을 단순히 지리적, 물리적 묘사로 그치지 않고, 그 속에 얽힌 역사와 신화, 그리고 자연 속에서의 인간의 경험을 포괄적으로 다룬다. 그녀의 삶은 자연에 대한 깊은 경외심과 철학적 성찰에서 비롯된 시적 언어로 가득하며, 이 시 역시 그녀의 자연에 대한 깊은 사랑과 이해가 잘 녹아들어 있다.

"조물주가 금강산을 만들 때 / 거대한 울산바위가 금강산으로 가던 길에 이곳에 눌러 앉았다더라." 첫 행에서는 금강산을 창조한 조물주가 등장하고, 울산바위가 금강산으로 가던 길에 멈춰 선 모습을 묘사하고 있다. 이는 자연의 거대한 힘과 신비로움을 상징하며, 자연물이 단순한 지리적 요소가 아니라 영적, 신화적 존재로서 생명력을 지니고 있음을 나타낸다. 울산바위가 '눌러 앉았다'는 표현은 인간의 역사와 신화 속에서 자연이 하나의 주체로서 작용하고 있음을 암시한다.

"마고선녀가 승천할 때 / 비선대를 남겨두고 갔으니 / 설악이 하늘나라든 지상에서든 / 뒤짐은 아니었나니." 여기서는 설악산의 신비로운 아름다움을 마고선녀라는 신화적 존재와 연결하고 있다. 선녀가 남긴 비선대는 하늘나라와 지상 어느 곳에도 뒤지지 않는 아름다움을 상징한다. 자연의 경관이 하늘의 신성한 세계와 동등하게 대우될 수 있다는 점을 강조하며, 인간이 자연 속에서 경험하는 초월적 경이로움을 표현하고 있다.
"진덕여왕 시절, 자장율사가 / 이곳에 절터를 잡고 / 신통제일의 석간수를 남기셨나니 / 그 한 모금에 어찌 갈증이 남으랴!" 이 부분에서는 역사적 인물인 자장율사와 그가 남긴 석간수를 언급함으로써, 인간과 자연의 조화로운 만남을 그려내고 있다. 신통제일의 석간수는 자연의 정수를 상징하며, 그 물 한 모금이 인간의 갈증을 완전히 해소할 정도로 완전하고 신성한 것으로 묘사된다. 이는 인간이 자연과 조우하면서 느끼는 치유의 힘과 영적인 깨달음을 상징한다.

"돌로 다듬어 불상을 모신들 / 바위와 사찰이 서로 보듬은 형상 / 어찌 갈라놓으랴." 이 구절에서는 인간이 자연에 인공물을 세우더라도, 그 자연의 본질적 아름다움과 조화를 이룰 수 있음을 나타낸다. 바위와 사찰이 '서로 보듬은 형상'이라는 표현은 인간의 노력과 자연의 원초적 상태가 서로 대립하지 않고, 오히려 더 큰 아름다움과 조화를 이루는 것을 강조한다. 이는 인간의 창조 행위가 자연의 일부로서 자리잡을 수 있음을 시사한다.

"운무가 산천 휘감아 승무를 추고 계곡마다 가락을 밟아 흘러 / 설악 단풍은 옮길 곳이 없네." 여기서 운무가 춤을 추고, 계곡마다 음악을 연주하는 모습은 자연의 역동성과 생명력을 극적으로 표현하고 있다. 자연은 끊임없이 변화하고 움직이며, 그 과정에서 인간의 눈에 신비한 미적 경험을 제공한다. '설악 단풍은 옮길 곳이 없네'라는 표현은 그 아름다움이 다른 곳으로 옮겨갈 수 없을 만큼 독특하고 완전한 것을 나타낸다.

"자연이 손을 뻗어 / 한 쪽의 수채화 그리는데 / 그 속을 오가는 풍경과 사람들 / 어디로 가다 멈추었는가." 자연이 마치 인간처럼 의지를 지닌 존재처럼 묘사되며, '수채화'라는 예술적 비유를 통해 자연의 아름다움을 예술 작품에 비유한다. 사람들은 이 수채화 속을 오가며 삶을 살아가고, 자연 속에서 자신의 위치를 찾는다. 이는 인간이 자연 속에서 끊임없이 움직이며, 그 과정에서 스스로의 존재를 발견하고 성찰하는 모습을 보여준다.

"수시로 장을 넘기는 / 그림 속을 비집고 내려와 / 척산 온천에 온몸을 담그니 / 열린 문마다 설악절경 걸려 있다." 이 구절에서는 자연의 아름다움이 마치 책의 페이지처럼 계속 펼쳐지는 모습을 상상하게 한다. 그림 속을 비집고 내려온다는 표현은 사람의 상상력을 자극하며, 자연의 무한한 경이로움을 표현한다. 척산 온천에 몸을 담그며 설악의 절경을 마주하는 모습은 자연 속에서의 휴식과 치유를 암시한다.

"금강송 숲길을 타고 내려온 / 그윽한 솔향 이불로 덮으니 / 꿈엔들 더 갈 곳은 없고 / 여기저기서 오가든 이들 예서 잠드니 / 울산바위만 우뚝 멈추었으랴!" 마지막 행에서는 자연의 향기와 함께하는 깊은 평화로움을 묘사한다. '그윽한 솔향 이불'이라는 표현은 자연의 포근함을 느끼게 하며, 그 안에서 꿈조차 더 나아갈 곳이 없을 정도로 완벽한 만족을 나타낸다. 울산바위는 이 모든 자연의 아름다움 속에서 흔들림 없이 서 있는 고유한 존재로서, 자연의 영원성과 변치 않는 본질을 상징한다.

배선희 시인의 시 '울산바위'는 자연을 단순히 묘사하는 데 그치지 않고, 그 안에 내재된 역사와 신화, 인간과 자연의 상호작용을 다층적으로 풀어낸다.

그녀는 자연의 경이로움과 그것이 인간에게 주는 심오한 경험을 시각적 이미지와 감성적 언어로 재구성하며, 시 전반에 걸쳐 풍부한 상징과 은유를 사용해 독자에게 깊은 울림을 전한다. 시인은 자연을 마치 한 폭의 수채화처럼, 인간의 삶을 담아내는 그릇으로 상상하며, 그 속에서 인간이 발견할 수 있는 치유와 깨달음을 그려낸다.

이 시는 자연의 아름다움과 인간의 상호작용을 경외하는 동시에, 그 안에 내재된 철학적 성찰을 탐구하며, 자연과 인간이 분리될 수 없는 존재임을 일깨워준다.

배선희 시인의 시는 독특한 언어로 독자에게 자연과 삶의 본질을 바라보는 새로운 시각을 제시한다.

■
배선희 시인님께

안녕하십니까? 시인님의 시 '울산바위'를 읽으며 깊은 감동과 경외심을 느껴 이렇게 글을 올립니다. 시를 읽는 내내 마치 설악산의 자연 속에 들어가 있는 듯한 생생한 감각과 동시에 시 속에 흐르는 고요하고도 묵직한 울림이 제 마음을 사로잡았습니다. 그리하여 시의 여운을 오래도록 곱씹게 됩니다.

시인님의 글은 한 편의 시로서도, 또 하나의 세계로서도 독창적인 아름다움을 지니고 있습니다. '울산바위'는 단순히 자연의 풍경을 묘사하는 것이 아니라, 그 안에 내재된 수많은 이야기를 품고 있습니다. 시를 읽으며 울산바위와 설악산, 그리고 그 속에서 일어나는 신비로운 사건들이 하나의 긴 서사시처럼 펼쳐졌습니다. 자연 속에

얽힌 역사와 신화, 그리고 인간의 이야기가 한데 어우러져 생동감 넘치는 한 폭의 수채화를 그려내고 있는 듯했습니다.

특히 '조물주가 금강산을 만들 때 / 거대한 울산바위가 금강산으로 가던 길에 이곳에 눌러 앉았다더라.'라는 첫 구절에서부터 자연이 단순히 배경이 아닌, 하나의 생명력 있는 존재로 다가왔습니다. 울산바위가 그저 바위가 아니라 마치 살아 숨 쉬며 자신의 이야기를 풀어내는 듯한 느낌이 들었습니다. 자연을 이렇게까지 생동감 있게 그려내신 시인의 시선에 경탄하지 않을 수 없었습니다. 저는 이 구절을 읽고 마치 자연과 인간이 서로 이야기를 나누는 장면을 상상하게 되었고, 그것이 아주 오래 전부터 지금까지 이어져 오고 있는 듯한 감각을 느꼈습니다.

시인님의 시에서 자연은 항상 움직이고 변화하며, 사람과 상호작용하는 모습을 보여줍니다. "운무가 산천 휘감아 승무를 추고 계곡마다 가락을 밟아 흘러 / 설악 단풍은 옮길 곳이 없네."라는 구절에서는 자연이 마치 춤을 추고 음악을 연주하는 모습처럼 그려졌습니다. 저는 이 대목을 읽으며 마치 그 장면이 눈앞에 펼쳐진 듯한 생생한 감각을 느꼈습니다. 설악산의 단풍이 계곡을 따라 흐르며 운무와 어우러지는 모습이 머릿속에 그려졌고, 그 순간 그 풍경 속에 서 있는 듯한 착각을 일으켰습니다. 시인님의 언어가 얼마나 섬세하고 아름다운지 다시 한번 감탄하지 않을 수 없었습니다.

또한, 시인님께서 자연을 통해 우리에게 던지시는 질문과 사유의 깊이에 대해 많은 생각을 하게 되었습니다. "자연이 손을 뻗어 / 한 폭의 수채화 그리는데 / 그 속을 오가는 풍경과 사람들 / 어디로 가다 멈추었는가."라는 구절을 읽으며, 자연 속에서 인간은 과연 어디쯤 서 있는가를 되돌아보게 되었습니다. 자연의 거대한 흐름 속에서 인간이 찾을 수 있는 평화와 쉼의 공간은 어디인지, 그리고 그 안에서 우리는 어떤 모습으로 살아가야 하는지를 고민하게 되었습니다. 시인님의 시는 단순히 자연을 찬미하는 데 그치지 않고, 우리에게 자연과의 공존에 대한 깊은 성찰을 유도한다는 점에서 더욱 특별하게 느껴졌습니다.

그리고 "수시로 장을 넘기는 / 그림 속을 비집고 내려와 / 척산 온천에 온몸을 담그니 / 열린 문마다 설악절경 걸려 있다."라는 구절에서는 자연이 주는 치유의 힘을 느낄 수 있었습니다. 저는 이 구절을 통해 자연이 우리에게 주는 위로와 평안의 의미를 되새기게 되었습니다. 척산 온천에 몸을 담그며 설악의 절경을 마주하는 장면은, 마치 마음 깊은 곳까지 따스한 온기가 전해지는 듯한 느낌을 주었습니다. 시인님의 시를 통해 자연 속에서의 휴식과 치유를 경험할 수 있었습니다.

마지막으로, "금강송 숲길을 타고 내려온 / 그윽한 솔향 이불로 덮으니 / 꿈엔들 더 갈 곳은 없고"라는 구절에서 저는 자연의 포근한 품속에서의 깊은 평온함을 느꼈습니다. 시인의 언어는 그 자체로 하나의 이불처럼 따스하고 아늑하게 다가왔고, 자연과 인간이 하나가 되어 서로를 보듬는 모습이 그려졌습니다. 이는 단순히 자연을 묘사하는 것을 넘어, 인간과 자연이 서로를 감싸 안는 아름다운 관계를 표현한 것이 아닌가 생각했습니다.

배선희 시인님의 시는 자연을 통해 우리의 삶과 존재를 성찰하게 하는 힘이 있습니다. 시인님께서 그려내신 자연은 단순한 배경이 아니라, 우리의 삶과 깊이 연결된 존재로서, 우리에게 말 걸어오고 있습니다. 시인님의 시를 통해 자연을 새로운 시선으로 바라보게 되었고, 그 안에서 우리가 찾을 수 있는 무한한 의미와 아름다움에 대해 다시금 깨닫게 되었습니다. 앞으로도 시인님의 시 속에서 펼쳐지는 새로운 세계를 계속 만나보고 싶습니다. 시인님의 앞날에 무궁한 영감과 평화가 함께하기를 진심으로 기원하며, 깊은 감사의 마음을 전합니다.

자생식물

1.
지구온난화로 인한 생태계의 변화 생산확대로
품종개량에 의한 변종 여행자유,
뿌리내린 세계식물 이동에 의한 변태.
지구는 지구대로 순리가 꼬여 고통받고 있고
나라마다 지역마다 생태계가 병들고 있다

사람만 철없이 까불어 대는 것이 아니라
제철만은 꼭 지키던 식물마저 철을 잃어가고 있다.
철 모르는 사람보다 철 잃는 식물 때문에 가슴 아파
바쁜 사람이 있어 오늘도 찾았다
천계가 제 궤도를 지키듯 철들려고

한국 땅에 뿌리내리고 명줄을 지켜와 준
자생식물의 종자를 보호하고 번식시키며
멸종위기 식물들을 보관하느라 바쁜 사람
나라가 할 일을, 누가 시키지 않아도 하는 사람
나는 *그분을 일러 야생화 명인이라 부른다

우리 산과 들에서 만날 수 있는 귀한 야생화를
이곳에 오면 한자리에서 다 만날 수 있어 좋다
[한국식물도감]에도 없는 미기록종도 있어 좋다
바쁠 터인데 왜 자주 오느냐고 물으면 답하죠
어머니로부터 배운 것들을 확인하러 온다고.

2.
내 고향 청송 산골짜기를 종종걸음으로 나설 때부터
어머니는 눈에 보이는 식물들을 하나씩 인사시켜
주셨다.
어느 철에 싹이 트고 꽃이 피어 무슨 열매를 맺는지

식품인지 약재인지까지는 다 기억하지 못하더라도
이렇게 세상만사 체험 길에 나섬도 그 때문이었다

일제강점기 때 일본 어느 도시에서 소학교 교사로서
그 도시민들의 부인회장을 역임하셨던 어머니는
당시 일본인이 만든 [한국자생식물도감]을
경전을 보듯 성서를 읽듯 뼛속 깊이 담으셨다.
귀국 후 청송에서 약재 재배로 여생을 보내셨다

한발 짝도 움직이지 않는 식물이 그 땅의 주인이고
제 강토를 떠나지 않는 토종식물이 애국이라며
산 돌아 강 돌아 들 건너 자생식물을 지키라 하셨
으니
역사가 바뀌고 세상이 변해도 자기 땅을 지켜 사는
자생식물들! 그래서 이곳을 찾는다는 말은 못 하고,

식물학자도 아닌 것이 전문 여행가도 아닌 것이
카메라 하나 앞세우고 무거운 배낭 집어진 지

어언 육 년, 석가모니는 깨달아 붓다가 되셨는데
마음만 바쁘고 지혜는 열리지 않아 고된 여행길!
가는 곳마다 지켜사는 자생화가 있어, 갈 수밖에

*
그분은
전국에 산재해 있는 토종 자생식물들을 수천 종 수집하여, 그 종을 보존하고
있는 충주 산유화 자생식물원의 '김용연' 원장이다.

■
문학평론가 청람 김왕식

배선희 시인은 자연과 삶의 경계를 넘나드는 시적 언어를 통해 한국 자생식물에 대한 깊은 애정과 철학을 드러낸다.

그의 시는 단순히 자연을 묘사하는 데 그치지 않고, 생태계의 변화 속에서 인간과 자연이 어떻게 상호작용하며 존재해야 하는지에 대한 통찰을 제시한다. 특히 그의 삶에서 어머니의 영향은 크다.

어머니는 일제강점기 시절 일본에서 교육자로서의 경험과 함께 한국 자생식물에 대한 깊은 관심과 애정을 지녔고, 이는 배선희 시인의 작품 전반에 걸쳐 중요한 주제로 자리 잡고 있다.

시인은 어머니로부터 이어받은 자연에 대한 경외심을 바탕으로 우리 땅에서 자란 자생식물들을 보존하고 지키는 사람들의 삶을 시적 언어로 풀어낸다. 그리하여 독자들에게 한국 땅의 자연과 역사, 그리고 생명에 대한 가치를 새롭게 환기시키고자 한다.

1.
첫 번째 연은 지구온난화로 인한 생태계 변화와 그에 따른 식물들의 변종을 언급하며 시작한다. 이 문장은 기후변화로 인해 자연의 순리가 왜곡되고, 인간의 욕심으로 인한 결과로써 생태계가 고통받고 있음을 나타낸다. '지구는 지구대로 순리가 꼬여 고통받고 있고'라는 표현은 지구가 스스로의 질서 속에서 고통받고 있다는 직관적 진술을 통해, 자연의 자정 능력이 한계에 도달하고 있음을 암시한다. 인간의 활동으로 인해 환경이 변하고 생태계가 병들어가고 있다는 것은, 자연에 대한 인간의 책임과 역할을 강조하며, 자연보호의 필요성을 환기한다. 두 번째 연에서는 식물들조차 계절을 잃어가고 있다는 표현을 통해 자연의 위기를 묘사한다. 이 부분은 기후

변화와 생태계 변화가 사람뿐만 아니라, 철저하게 계절에 맞춰 살아가던 식물들에게까지 영향을 미치고 있다는 점을 강조한다. 철을 잃어가는 식물을 통해, 시인은 자연과 인간의 삶이 얼마나 긴밀히 연결되어 있는지, 그리고 그 균형이 얼마나 쉽게 무너질 수 있는지를 경고한다.

세 번째 연은 그럼에도 철을 잃지 않고 자연의 순리를 지키려는 사람들의 노력에 대한 경의를 표한다. 특히 '야생화 명인'이라 불리는 이들의 헌신과 열정을 통해, 시인은 자연보호에 대한 인간의 책임과 사랑을 강조한다. 이는 작가의 어머니로부터 이어받은 자연에 대한 존경심과 일맥상통하며, 독자에게 자연을 지키는 일의 숭고함을 일깨워준다.

네 번째 연에서는 한국의 자생식물들이 가진 고유의 가치를 높이 평가하며, 이들을 보존하는 일이 국가의 책무라는 점을 상기시킨다. 이는 단순한 식물 보존의 문제가 아니라, 역사와 전통, 그리고 우리 민족의 정체성과 연결된 중요한 문제임을 강조한다. 따라서 '자생식물의 종자를 보호하고 번식시키며 멸종위기 식물들을 보관하느라 바쁜 사람'을 묘사하며, 이들이 곧 한국의 생태계와 문화를 지켜내는 파수꾼이라는 메시지를 전달한다.

2.
첫 번째 연은 시인의 어린 시절과 어머니와의 기억을 통해 자연에 대한 깊은 애정을 형성해 나가는 과정을 묘사한다. 청송 산골짜기를 함께 걸으며 어머니는 하나하나 자생식물들을 시인에게 소개하고, 각 식물이 어떤 계절에 싹을 틔우고 꽃을 피우며 열매를 맺는지를 가르쳐주었다. 시인은 식물의 모든 속성을 기억하지 못하더라도, 어머니와의 이러한 경험이 그가 세상과 자연을 탐험하고 이해하려는 출발점이 되었음을 고백한다. 이는 자연에 대한 교육이 단순한 지식 전달이 아니라 삶의 경험과 철학으로 자리 잡게 된 배경을 잘 보여준다. 어머니로부터 전수받은 자연과의 교감은 시인의 내면에 깊이 새겨져, 지금까지도 그의 삶과 시에 중요한 영향을 미치고 있음을 암시한다.

두 번째 연에서는 시인의 개인적 경험과 어머니의 영향을 강하게 드러낸다. 시인은 어릴 적부터 어머니로부터 자생식물에 대한 깊은 교육을 받으며 성장했다. 어머니는 일제강점기 시절 일본에서 '한국자생식물도감'을 성서처럼 소중히 읽고, 이를 통해 한국 자생식물의 중요성을 깨달았다.
이러한 어머니의 경험은 시인의 시적 세계관 형성에 지대한 영향을 미쳤으며, 이 시를 통해 그가 자연에 대한 깊은 애정과 경외심을 독자에게 전달하고자 하는 것을 보여준다.

세 번째 연에서는 자생식물들이 주인으로서의 권리를 지니고 있음을 강조한다. 시인은 "한 발짝도 움직이지 않는 식물이 그 땅의 주인"이라는 표현을 통해, 식물들이 그 땅에서 자연스럽게 존재하며 그 자체로 주인이 되는 모습을 시각화한다. 이는 인간이 그 땅의 주인임을 자처하는 것이 아니라, 오히려 그 땅의 식물들이 진정한 주인임을 역설적으로 드러내는 구절이다.

네 번째 연은 시인이 자신을 식물학자나 전문 여행가가 아닌, 단지 자연을 사랑하는 순례자임을 자각하며 느끼는 고뇌와 열망을 표현한다. 카메라와 배낭을 짊어지고 6년간 자생식물을 찾아다닌 여정은, 석가모니가 깨달음을 얻기 위해 길을 떠났듯이 자신만의 깨달음을 찾기 위한 과정이다.

시인은 "마음만 바쁘고 지혜는 열리지 않아"라는 구절을 통해 아직도 자신에게는 그 깨달음이 오지 않았음을 토로한다. 그럼에도 각기 다른 곳에서 자생하고 있는 자생화들을 통해 자연의 순리를 깨닫고, 그들에게 이끌리듯 계속해서 길을 나설 수밖에 없음을 시적 언어로 절묘하게 표현한다.

이는 시인의 끊임없는 탐구 정신과 자연에 대한 겸허한 자세를 드러낸다.

배선희 시인의 이 시는 감성적인 측면에서 독자에게 강한 울림을 준다. 시인은 자연을 단순히 아름다운 풍경으로 그리지 않고, 인간과 자연이 서로 어떻게 영향을 주고받는지를 고찰한다. 자생식물의 이미지들은 독자에게 정체성과 뿌리에 대한 깊은 성찰을 불러일으킨다. '야생화 명인'과 '자생식물'은 단순한 식물의 이미지가 아니라, 우리 삶과 연결된 철학적이고 문화적인 상징으로 다가온다.
시인은 이러한 상징들을 통해 독자가 자연에 대해 다시 한번 생각해 보도록 유도한다.

배선희 시인의 가치철학은 자연에 대한 경외와 존중, 그리고 그것을 지키고자 하는 헌신에 있다. 그는 어머니로부터 배운 자연에 대한 애정과 자생식물의 가치를 시를 통해 드러내며, 우리의 땅과 자연을 지키는 것이 곧 우리의 정체성을 지키는 일이라는 주제의식을 전달한다.

이는 단순한 자연보호의 메시지를 넘어, 우리가 지켜야 할 가치와 역사, 그리고 문화를 포함하는 깊은 철학적 사유를 포함하고 있다.

배선희 시인의 '자생식물'은 한국의 자연과 생태계, 그리고 그것을 지키려는 사람들의 헌신과 열정을 다층적으로 그려낸 작품이다. 시인은 어머니로부터 이어받은 자연에 대한 경외심을 바탕으로, 생태계의 중요성과 그것을 지키는 일의 소중함을 시적 언어로 표현한다.

그의 시는 자연과 인간의 경계를 넘어서는 깊은 통찰을 제시하며, 독자들에게 자연과 삶의 조화로운 공존을 재고하게 만든다. 철저하게 관찰하고 기록하는 그의 시적 태도는 자연에 대한 깊은 존경과 사랑을 반영하며, 이는 오늘날 생태계 위기 속에서 더욱더 중요한 메시지를 전달한다.

■
배선희 시인님께

안녕하세요, 시인님.
귀한 시를 읽고 깊은 감동과 깨달음을 느껴 이렇게 인사를 드립니다. 시인님의 작품 '자생식물'을 통해 자연을 바라보는 새로운 시각을 얻게 되어 감사한 마음입니다.

시인님의 시어는 그저 자연을 묘사하는 것을 넘어, 그 안에 흐르는 생명의 리듬과 우리의 삶이 어떻게 긴밀하게 연결되어 있는지를 섬세하게 그려냅니다. '자생식물' 속에서 우리는 단순한 식물의 이야기가 아니라, 우리 땅에서 오랜 시간 뿌리내리고 자라온 생명들의 이야기를 만나게 됩니다. 지구온난화로 인해 변종이 생겨나고 생태계가 혼란에 빠지는 상황 속에서도 철을 잃지 않고 자연의 순리를 지키려는 사람들의 노력은 큰 감동을 주었습니다. 이 헌신적인 사람들을 '야생화 명인'이라 일컬으며 그들의 수고를 시로 담아내신 시인님의 깊은 애정과 철학이 느껴졌습니다.

또한, 어머니로부터 전해 받은 자연에 대한 깊은 사랑과 경외심이 시인님의 시 세계에 어떻게 녹아들어 있는지도 인상적이었습니다. 어머니께서 어린 시절부터 자연을 어떻게 대해야 하는지 가르쳐 주셨던 모습, 일제강점기 시절 '한국자생식물도감'을 경전처럼 여기며 우리 자생식물의 소중함을 일깨워주셨던 모습은 시인의 뿌리를 잘 보여주고 있다고 생각합니다. 이렇듯 어머니의 영향으로부터 시작된 자연에 대한 탐구와 애정이 시인님의 시 속에서 강하게 드러나며 독자들에게도 큰 울림을 전해 주고 있습니다.

자생식물들을 주제로 다루신 이 시는 그저 식물에 대한 이야기가 아니라, 우리의 정체성과 역사를 담고 있는 중요한 이야기라는 생각이 들었습니다. 자생식물들이 그 땅의 주인이라는 시인의 표현은 단순한 자연의 주체성을 넘어, 인간이 더불어 살아가야 할 진정한 자연의 의미를 다시 한번 생각하게 해주었습니다. 그것은 단순히 자연을 보존하는 일의 문제가 아니라, 우리의 정체성과 문화를 지켜나가는 중요한 일이라는 사실을 상기시키며, 오늘날의 우리에게 많은 시사점을 줍니다.

시인님께서 식물학자도, 전문 여행가도 아님에도 불구하고 자생식물을 찾아 떠나시는 여정은 진정한 순례자의 모습으로 다가왔습니다. '석가모니는 깨달아 붓다가 되셨는데 마음만 바쁘고 지혜는 열리지 않아 고된 여행길'이라는 구절은 우리에게 깨달음과 지혜는 쉽게 얻어지는 것이 아니며, 끊임없는 노력과 탐구가 필요하다는 깊은 철학적 성찰을 전해주었습니다. 그런 시인의 열정과 노고에 경의를 표하며, 그 여정이 결국 깨달음에 이르는 과정임을 믿습니다.

'자생식물'이라는 작품을 통해 독자들은 자연에 대한 새로운 시각을 얻게 되었습니다. 인간과 자연이 어떻게 서로 영향을 주고받으며 공존해야 하는지, 그리고 그 속에서 우리가 어떤 자세로 살아가야 하는지를 시인님의 시적 언어로 깨닫게 되었습니다. 또한, '야생화 명인'과 같은 이들의 헌신이 우리 생태계와 문화를 지켜주는 중요한 역할을 한다는 메시지도 가슴 깊이 새겨졌습니다.

앞으로도 시인님의 시가 우리에게 자연의 소중함을 일깨워주고, 그 안에서 우리의 삶을 다시 성찰하게 하는 등불이 되기를 바랍니다. 시인님께서 전해주시는 자연에 대한 깊은 철학과 애정이 더 많은 이들에게 닿을 수 있기를 기원합니다. 항상 건강하시고, 앞으로도 아름다운 시를 통해 우리에게 큰 울림을 전해주시길 바랍니다.

봄나들이

봄빛은 마술사다
앙상하던 가지마다 연둣빛 옷을 만들어 입혔다.
솜씨 좋은 마술사!
가지마다 꽃초롱을 매달아 나를 지켜보고 있다

봄빛이 되고 싶어 봄나들이에 나섰다.
꽃물결로 파도치는 봄배를 타고
봄나들이 노를 저어 꽃보라를 일으켰다.

봄볕은 예술가다
저리도 많은 나뭇잎들을 어찌 다 재단했을까?
바람을 녹여 만든 꽃을 들여다보면

바람결에 실밥이 풀려 흐느적거린다.

봄나들이 꽃배엔 꽃내음이 물살을 가르고
골골이 미어지게 담긴 풋내음이 넘쳐난다.
봄이 가지고 온 빛은
세상을 가장 공정하게 다스린다

대지 속에 꽁꽁 숨죽이며 숨어 살던
숨소리를 잉태한 작은 씨앗들에게도
빈틈없이 나누어 주어 물살을 일으킨다
이때쯤이면 나도 들꽃으로 피어난다
봄나들이 배에 실려 오는 한 송이 들꽃

■
문학평론가 청람 김왕식

배선희 시인은 자연과 삶을 고유한 시적 언어로 표현해 내는 시인이다.
그의 시는 주로 자연의 섬세한 변화를 포착하고, 그 안에서 인간의 삶과 연결고리를 찾는 데 초점을 맞춘다. '봄나들이' 역시 그러한 특성을 잘 드러내고 있다.

이 시는 봄이라는 계절이 가진 다채로운 아름다움과 생명의 힘을 마치 한 편의 그림처럼 섬세하게 그려내며, 인간과 자연이 하나가 되는 순간을 표현한다. 시인은 봄의 생동감을 마술사와 예술가로 의인화하면서 자연의 힘과 그 안에 담긴 철학적 사유를 독창적으로 담아낸다. 이러한 표현은 자연과 인간의 경계가 사라지고, 모든 존재가 봄의 에너지 안에서 하나가 되는 순간을 상징적으로 나타낸다.
"봄빛은 마술사다 / 앙상하던 가지마다 연둣빛 옷을 만들어 입혔다."
첫 행에서 시인은 봄빛을 '마술사'로 표현함으로써 봄이 가져오는 생명의 기운을 신비롭게 강조한다. 겨우내 '앙상하던' 가지들이 연둣빛 옷을 입는 것은 자연의 놀라운 변화와 생명력의 회복을 상징한다. 여기서 '앙상하다'라는 표현은 어두운 겨울의 상태를 암시하며, 봄의 도래로 인해 비로소 생기가 돌아오는 장면을 묘사하고 있다. 마술사라는 이미지는 봄이 마치 마법을 부리듯 자연을 변모시키는 힘을 가진 존재로서, 새로운 생명을 불어넣는 역할을 한다.

"솜씨 좋은 마술사! / 가지마다 꽃초롱을 매달아 나를 지켜보고 있다."
'솜씨 좋은 마술사'라는 표현은 자연의 변화 과정이

얼마나 정교하고 아름다운지를 나타낸다. 가지마다 매달린 '꽃초롱'은 봄의 상징적인 요소로, 시적 화자를 응시하는 듯한 이미지로 표현되어 있다. 이는 봄의 생명력이 화자에게 다가와 자신을 새롭게 보고 깨닫게 하는 순간을 의미한다. 꽃초롱이 마치 누군가를 바라보듯 표현된 것은 자연과 인간의 상호작용을 암시하며, 자연이 주는 영감을 통해 화자는 자신의 존재를 새롭게 인식하게 된다.

"봄빛이 되고 싶어 봄나들이에 나섰다. 꽃물결로 파도치는 봄배를 타고 / 봄나들이 노를 저어 꽃보라를 일으켰다." 이 구절에서 화자는 봄의 한 부분이 되고자 하는 열망을 드러낸다. 봄의 빛을 갈망하며 자연 속으로 들어가는 모습은 자신이 봄의 일부로서 하나가 되고자 하는 열망을 나타낸다. '꽃물결로 파도치는 봄배'는 자연의 역동적인 변화를 상징하며, '꽃보라'는 이러한 변화의 역동성을 시각적으로 표현하고 있다. 봄나들이라는 행위는 단순한 산책이 아닌, 봄의 생명력을 느끼고 그것과 하나가 되고자 하는 시인의 철학을 드러낸다.

"봄볕은 예술가다 / 저리도 많은 나뭇잎들을 어찌다 재단했을까?" 봄의 빛을 '예술가'로 표현한 부분에서는 시인의 자연에 대한 경외감이 잘 드러난다. '재단했다'라는 표현은 수많은 나뭇잎이 정교하게 배열되어 있는 모습을 예술가의 작품으로 비유함으로써, 자연의 아름다움을 극대화한다. 봄의 빛은 마치 모든 생명체의 형태와 색채를 정교하게 재단하는 예술가처럼, 자연의 풍경을 창조한다. 이는 자연의 섬세함과 미적 감각을 재발견하게 만드는 구절이다.

"바람을 녹여 만든 꽃을 들여다보면 바람결에 실밥이 풀려 흐느적거린다." 여기서 시인은 바람을 꽃으로 형상화하여 그 속에 숨겨진 움직임을 묘사하고 있다. '바람을 녹여 만든 꽃'이라는 표현은 자연이 만들어내는 다양한 생명체의 유기적 관계를 시적으로 표현한 것이다. 바람결에 실밥이 풀린다는 묘사는 자연의 조화로움과 유연성을 상징하며, 모든 것이 하나의 흐름 속에서 유기적으로 연결되어 있음을 강조한다. 바람이 꽃을 흔드는 모습은 그저 하나의 장면이 아니라, 자연의 숨결을 생생하게 느끼게 해준다.

"봄나들이 꽃배엔 꽃내음이 물살을 가르고 골골이 미어지게 담긴 풋내음이 넘쳐난다." '꽃내음'과 '풋내음'은 봄의 시각적 이미지와 함께 후각적 이미지를 통해 독자에게 감각적인 경험을 제공한다. 특히, '골골이 미어지게'라는 표현은 그 향기가 얼마나 강렬하고 풍부한지를 드러낸다. 이는 독자들이 봄의 향긋한 냄새를 상상하게 하며, 감각적으로 시를 느끼게 만든다. 꽃내음이 물살을 가르는 장면은 자연의 에너지가 흘러넘치는 모습을 형상화하고 있다.

"봄이 가지고 온 빛은 / 세상을 가장 공정하게 다

스린다 / 대지 속에 꽁꽁 숨죽이며 숨어 살던 숨소리를 잉태한 작은 씨앗들에게도 빈틈없이 나누어 주어 / 물살을 일으킨다" 봄의 빛을 '공정하게 다스린다'라고 표현한 것은 자연의 조화와 공평함을 강조한다. 봄의 빛은 생명이 숨겨져 있던 곳에까지 골고루 퍼지며, 모든 생명에게 기회를 제공한다. 이는 자연이 지닌 무차별적이고 공평한 생명력을 상징하며, 봄의 빛이 씨앗을 키우고 물살을 일으키는 장면은 생명의 순환과 재생을 시적으로 형상화하고 있다. 이는 생명의 본질에 대한 시인의 깊은 성찰을 담고 있다.

"이때쯤이면 나도 들꽃으로 피어난다 봄나들이 배에 실려오는 한 송이 들꽃!" 마지막 구절에서 화자는 자신을 '들꽃'으로 비유하며, 봄의 한 부분이 되어 피어나는 모습을 묘사한다. 이는 자연과의 일체감을 나타내며, 봄의 생명력과 함께 자신도 새롭게 태어나는 존재임을 시사한다. '봄나들이 배에 실려

오는 한 송이 들꽃'은 시인의 존재가 자연의 한 부분으로서 겸손하고 순수하게 피어나는 것을 의미한다.

배선희의 시 '봄나들이'는 자연의 변화와 그 안에 담긴 생명력에 대한 깊은 애정을 담고 있다. 시인은 봄을 마술사와 예술가로 의인화하여 그 신비로움과 아름다움을 강조하며, 인간과 자연의 경계를 허물고 하나가 되는 순간을 노래한다.

이 시는 단순한 자연의 묘사를 넘어, 자연의 섭리에 대한 깊은 성찰과 생명에 대한 경외감을 드러낸다. 또한 감각적인 이미지와 섬세한 표현을 통해 독자들이 봄의 생명력을 생생하게 느낄 수 있도록 한다. 자연과 인간의 상호작용, 생명력의 공평한 분배, 그리고 자연 속에서 자신의 존재를 새롭게 발견하는 과정을 통해 시인은 자연의 본질과 인간의 삶을 유기적으로 연결하며, 독자들에게 자연에 대한 깊은 감동과 깨달음을 준다. 이 시는 자연이 가진 힘과 아름다움을 노래하면서도, 그 안에 담긴 철학적 사유를 담아내며, 독창적인 시적 세계를 구축하고 있다.

■
배선희 시인님께

안녕하세요, 시인님. 저는 최근에 시인님의 시 '봄나들이'를 읽고 그 따뜻하고도 깊이 있는 울림에 감동을 받아 이렇게 편지를 쓰게 되었습니다. 시인의 시 속에 담긴 자연의 아름다움과 생명력, 그리고 그 안에서 느껴지는 섬세한 감각들이 제 마음을 크게 움직였습니다.

'봄나들이'를 읽으며 저는 마치 한 폭의 그림을 감상하듯 시 속 풍경을 생생하게 느낄 수 있었습니다. 시를 통해 봄의 풍경이 하나하나 그려지는 듯했고, 자연이 가진 신비로운 힘이 그대로 전해졌습니다. "봄빛은 마술사다"로 시작하는 시의 첫 구절은, 봄이 가진 변화의 힘을 신비롭게 표현하며 시의 전체 분위기를 환상적으로 이끌어가는 역할을 했습니다. '마술사'라는 비유는 봄의 기운이 어떻게 모든 생명체에 새 옷을 입히고 변화를 일으키는지를 감각적으로 보여주며, 봄을 마치 마법처럼 느끼게 했습니다.

특히, 봄빛이 마술사로, 봄볕이 예술가로 의인화된 부분에서는 시인의 자연에 대한 애정과 경외감이 가득 느껴졌습니다. 나무 가지마다 매달린 꽃초롱들이 마치 살아있는 생명처럼 우리를 지켜보고 있는 모습은 자연이 단순히 배경이 아닌, 하나의 주체로서 존재한다는 생각을 불러일으켰습니다. 그러한 자연의 모습은 우리에게도 많은 것을 느끼게 하고, 깨닫게 합니다. 시인은 봄의 변화와 생명력을 단순히 묘사하는 것이 아니라, 그 속에 담긴 의미를 깊이 있게 전하고 있습니다.

봄의 빛을 예술가로 표현하며 "저리도 많은 나뭇잎들을 어찌 다 재단했을까?"라고 묻는 시인의 목소리에서 자연의 섬세함을 향한 감탄이 느껴졌습니다. 이 구절은 마치 수많은 나뭇잎이 정교하게 조각된 예술 작품처럼, 자연이 만들어내는 아름다움을 더욱 극적으로 전달하고 있습니다. 시인의 이러한 표현들은 독자로 하여금 자연을 새로운 시선으로 바라보게 하고, 우리가 얼마나 놀라운 세계에 살고 있는지를 다시금 깨닫게 해줍니다.

또한, 바람을 녹여 만든 꽃을 들여다보는 구절에서는, 자연의 섬세함과 유연함이 마치 손끝에서 느껴지는 듯한 생동감을 줍니다. 바람결에 실밥이 풀려 하느적거리는 장면은 자연의 유기적인 움직임과 조화로움을 시각적으로 표현하면서도, 그 안에 담긴 서정적인 아름다움을 극대화하고 있습니다. 저는 이 구절에서 자연이 가진 숨결과 같은 생명력을 생생하게 느낄 수 있었습니다.

봄나들이 꽃배에 실린 꽃내음과 풋내음이 물살을 가르는 장면은 독자로 하여금 시각과 후각의 감각을 함께 경험하게 합니다. 시인의 언어는 단순한 묘사에 그치지 않고, 독자가 실제로 그 장면 속에 있는 듯한 착각을 일으킬 만큼 감각적입니다. 자연의 향기가 물살을 가르며 흘러가는 모습을 읽으면서, 저는 봄날의 따뜻한 바람과 신선한 공기를 가슴 가득히 느낄 수 있었습니다.

시인님께서 시를 통해 보여주신 봄의 빛은 공정하게 세상을 다스리고, 숨죽이며 숨어있던 작은 씨앗들에게도 빈틈없이 나누어준다고 하신 구절에서는 자연의 공평하고도 너그러운 품을 느낄 수 있었습니다. 그 빛이 생명의 순환과 재생을 이루어내는 과정은 우리에게 많은 생각할 거리를 줍니다. 자연은 모든 생명에게 고르게 빛을 나누어주며, 삶의 본질을 가르쳐주고 있습니다. 시인의 시는 그러한 자연의 섭리를 담담하게, 그러나 깊이 있게 전달하고 있습니다.

그리고 시의 마지막, "이때쯤이면 나도 들꽃으로 피어난다"는 구절은 시인의 소박하고도 순수한 열망을 느낄 수 있는 부분이었습니다. 봄의 에너지가 가득 담긴 꽃배에 실려오는 한 송이 들꽃으로 피어나는 화자의 모습은 마치 자연과 하나가 된 듯한 경지에 이른 모습을 상징하는 듯합니다. 시인은 자연 속에서 자신을 발견하고, 그 자연과의 일체감을 이루며 살아가는 삶의 철학을 시 속에 담고 있습니다.

배선희 시인님의 시 '봄나들이'는 그 자체로 하나의 예술 작품이라 할 수 있습니다. 자연을 소재로 하여, 그 안에 담긴 아름다움과 생명력을 시적으로 표현한 시인은, 독자들에게 새로운 깨달음과 감동을 선사합니다. 시인의 시를 통해 저는 자연의 섬세함과 그 안에 담긴 철학적 깊이를 다시금 생각하게 되었고, 그러한 자연과 하나 되는 삶의 가치를 되새길 수 있었습니다.

시인의 시가 가진 그 독창적인 시적 세계는 앞으로도 많은 독자들에게 큰 울림을 줄 것이라 믿습니다. 자연을 노래하는 시인님의 목소리가 더 많은 이들에게 닿기를 바라며, 늘 건강하시고 창작의 열정이 넘치시길 기원합니다.

시인의 시를 읽고 느낀 감동과 감사의 마음을 이렇게나마 전할 수 있게 되어 기쁩니다. 앞으로도 시인님의 작품을 통해 자연과 삶에 대한 깊은 통찰을 배우고, 그 감동을 이어가고 싶습니다.

대나무 나라

비 내리는 담양 죽녹원
대나무 잎 사이로 빗방울이 비집고 들어온다
톡톡 튀는 빗방울에 영롱한 보석들이
또륵 또르르 구르고 있다

서로 부딪치는 잎새들이 감미로운 몸부림의 음계를
이어
알 수 없는 언어로 서로 주고받는 것은
아마도 대나무나라의 언어이겠지!

귓가에 무어라 속삭이지만
인간 언어에 길들어버린 나는

도무지 알아들을 수가 없다.
들려주는 아름다운 대나무나라의 이야기도
신비로운 대나무나라의 노래도
그냥 스쳐 지나가는 바람으로만 느껴야 하다니
대나무나라의 언어를 가르쳐주는 곳은 없을까?
사르 사르락~~~~
대나무들이 주고받는 예쁜 이야기들을
정녕 엿들으려는 이들은 외계인이 아닐까?

언젠가는 나와 자연, 그리고 대나무가
한 발짝씩 가까워질 즈음에
나도 대나무 소리도 어울려 몸부림치겠지
생명의 언어는 하나일 테니

■
문학평론가 청람 김왕식

배선희 시인은 자연과 인간, 그리고 생명에 대한 깊은 사유와 감성을 담아내는 시인이다. 그의 시 세계는 자연과의 교감을 통해 인간 내면의 순수성을 되찾고자 하는 소망이 강하게 드러나며, 이러한 철학적 사고는 그의 작품 전반에 걸쳐 일관되게 나타난다. 담양 죽녹원의 대나무 숲을 배경으로 한 이 시 또한 자연 속에서 얻은 영감과 감흥을 바탕으로, 인간과 자연의 소통과 화합을 노래하고 있다. 배선희 시인은 빗방울과 대나무 잎 사이에서 벌어지는 섬세한 순간들을 포착하여, 이를 통해 인간이 잊고 지낸 자연의 언어와 교감을 되새기고 있다.

첫 행에서 "비 내리는 담양 죽녹원"은 시의 배경을 설정하면서 동시에 시의 분위기를 차분하게 만든다. 죽녹원의 대나무 숲에 비가 내리는 장면은 청량하면서도 신비로운 이미지로 시각적, 청각적 감각을 자극한다. 이는 곧바로 "대나무 잎 사이로 빗방울이 비집고 들어온다"라는 구절로 이어지며, 빗방울이 대나무 잎 사이로 스며드는 생생한 장면을 그려낸다. "비집고"라는 동사는 빗방울의 작은 움직임에도 활력을 부여하며, 자연의 역동적인 면모를 세밀하게 표현하고 있다.

이어지는 "톡톡 튀는 빗방울에 영롱한 보석들이 또록 또르르 구르고 있다"라는 구절은 빗방울이 떨어지는 모습을 보석에 비유하여 더욱 생동감 있고 아름답게 묘사한다. 이는 자연의 작은 요소마저도 예술적 가치로 승화시키는 시인의 감수성을 드러내며, 독자에게 자연의 섬세한 아름다움을 감각적으로 체험하게 한다.

다음으로 "서로 부딪치는 잎새들이 감미로운 몸부림의 음계를 이어"라는 표현에서는 대나무 잎들이 바람과 비에 의해 부딪히며 내는 소리를 음악적 음계에 비유하고 있다. "감미로운 몸부림"이라는 표현은 단순히 소리를 넘어, 자연이 만들어내는 조화로운 리듬과 움직임을 감각적으로 표현하며, 그 자체로 하나의 예술작품이 되는 순간을 보여준다.

"알 수 없는 언어로 서로 주고받는 것은 아마도 대나무 나라의 언어이겠지!"라는 구절에서는 자연이 가진 고유의 언어와 소통 방식을 상상하게 한다. 이는 인간의 언어로는 표현할 수 없는 신비롭고 고유한 소통의 세계가 자연 속에 존재함을 암시하며, 독자로 하여금 그 언어를 배우고 싶게 만드는 호기심을 불러일으킨다.

"귓가에 무어라 속삭이지만 인간 언어에 길들어버린 나는 도무지 알아들을 수가 없다"는 대목에서는 자연과의 소통이 단절된 인간의 현실을 드러낸다. 시인은 자연의 언어를 이해하고 싶은 갈망을 표출하지만, 동시에 인간의 언어와 문명에 익숙해져 그 언어를 이해하지 못하는 자신의 한계를 자각한다. 이는 자연과 인간의 소통 부재가 얼마나 안타까운 일인지를 강조하며, 시의 정서를 고조시킨다.

이어지는 구절에서 "들려주는 아름다운 대나무나라의 이야기도 신비로운 대나무나라의 노래도 그냥 스쳐지나가는 바람으로만 느껴야 하다니"는 자연의 언어를 이해하지 못하는 인간의 한계를 다시 한번 상기시키며, 자연의 소리에 대한 인간의 무관심을 지적한다. "스쳐지나가는 바람"으로 묘사된 이 구절은 자연의 언어가 인간에게 의미 없는 것으로 여겨지는 현실을 암시하며, 자연과의 교감을 잃어버린 현대인의 삶을 상징적으로 드러낸다.

"대나무나라의 언어를 가르쳐주는 곳은 없을까?"는 시인의 소망을 담고 있다. 대나무의 언어를 배우고 싶어하는 시인의 염원은 자연과의 진정한 교감과 소통을 갈망하는 마음을 표현한다. "사르 사르락~~~~ 대나무들이 주고받는 예쁜 이야기들을 정녕 엿들으려는 이들은 외계인이 아닐까?"라는 구절은 대나무들이 만들어내는 소리를 아름다운 이야기로 상상하며, 그 이야기를 이해하려는 시도의 어려움을 표현하고 있다. 이는 자연과의 소통이 얼마나 신비롭고 어려운 일인가를 시사하며, 동시에 그 신비를 동경하는 시인의 마음을 엿볼 수 있다.

마지막으로, "언젠가는 나와 자연, 그리고 대나무가 한 발짝씩 가까워질 즈음에 나도 대나무 소리도 어울려 몸부림치겠지 생명의 언어는 하나일 테니"라는 구절은 시인의 희망을 담고 있다. 인간과 자연이 다시금 가까워질 수 있는 가능성을 열어두며, 그 소통의 순간을 꿈꾸는 시인의 낙관적인 태도를 드러낸다. "생명의 언어는 하나일 테니"라는 마지막 구절은 모든 생명이 본질적으로 하나의 언어로 연결되어 있음을 상징하며, 인간과 자연의 근본적인 연결성과 조화를 강조한다.

배선희 시인의 이 시는 자연의 소리에 대한 감각적인 묘사와 인간과 자연의 소통에 대한 철학적 사유를 결합하여 독자에게 깊은 울림을 준다. 자연과의 소통이 단절된 현대인의 삶을 반성하게 하면서도, 동시에 자연과 다시 연결되고자 하는 희망을 품고 있다. 시의 언어는 섬세하고 풍부하며, 독자로 하여금 자연의 소리를 감각적으로 느끼게 한다. 이러한 표현적 특징은 시인의 철학과 가치관을 반영하며, 독자에게 자연과의 조화로운 교감을 촉구한다. 이 시는 누구도 모방할 수 없는 시인의 독창적인 시각과 감성이 돋보이는 작품으로, 자연과 인간, 그리고 생명의 본질에 대해 깊이 생각하게 만든다.

■
배선희 시인님께

담양의 죽녹원에서 비가 내리던 날, 나는 그곳에 있었다. 빗줄기는 굵고 무거웠고, 여행의 기대를 무색하게 만들 정도로 거칠게 몰아쳤다. 내 주변의 사람들도 나처럼 비를 피해 실내로 들어가거나, 서둘러 떠날 준비를 하고 있었다. 그날 나는 그저 비를 피해 숨을 곳을 찾으며 여행의 아름다움을 잃어버린 채로 지내고 있었다. 그런데 그날, 그곳에서 배선희 시인을 떠올리게 된 글을 읽고 나서야 비로소 내가 놓친 것들이 무엇이었는지 깨달았다.

배선희 시인은 나와 같은 날, 같은 곳을 여행하고 있었다. 그녀도 마찬가지로 우산을 쓰고 있었지만, 그녀의 여행은 나와는 사뭇 달랐다. 나는 비를 피하며 대나무 숲의 그림 같은 풍경을 애써 외면하고 있었던 반면, 배선희 시인은 우산 아래에서 대나무와 빗방울이 함께 연주하는 교향곡에 귀를 기울이고 있었다. 그녀는 그 비바람 속에서 대나무의 흔들림과 빗소리 속에 담긴 자연의 언어를 느끼고 있었다. 비에 젖은 대나무들이 서로 부딪히며 내는 소리를 마치 대나무나라의 신비로운 언어로 표현하고, 그 속삭임에 귀를 기울이는 그녀의 모습은 나에게 깊은 감동을 주었다.

나는 그날의 비를 단지 불편함과 짜증으로만 기억했지만, 그녀는 그 비를 자연의 또 다른 모습으로 받아들이고 있었다. 나는 우산을 펼쳐든 채로 비를 막으려 애썼고, 그저 빗방울이 얼굴에 닿지 않기를 바라며 한 발짝 물러섰다. 그러나 배선희 시인은 우산을 쓰긴 했지만, 그 비를 막기 위해서가 아니라 비와 대나무가 빚어내는 풍경 속으로 더 깊숙이 들어가기 위함이었다. 그녀는 그 순간을 오롯이 받아들이고, 그 속에서 대나무 잎들이 빗방울에 부딪혀 내는 속삭임을 들으며, 자연과의 교감을 즐기고 있었다.

대나무 숲에 내리는 빗소리는 자연의 숨소리이자, 고요

한 대화의 일부분이었다. 그 소리는 사람의 언어로는 이해할 수 없는 미묘한 떨림이었고, 자연의 리듬이었다. 하지만 배선희 시인은 그 리듬을 자연스럽게 받아들이고, 그 리듬 안에서 인간의 언어로 표현되지 않는 이야기를 듣고 있었다. 그녀는 그 순간을 단지 비 오는 날의 여정으로 흘려보내지 않고, 자연의 언어에 귀 기울이는 기회로 삼았다. 그녀는 비와 대나무가 만들어내는 소리를 "감미로운 몸부림의 음계"로, 그리고 "대나무나라의 언어"로 받아들였다. 그 속삭임은 인간의 언어에 길들여진 우리가 잊고 지낸, 자연의 본질적인 소통의 언어였을지도 모른다.

나는 배선희 시인이 비 오는 날의 대나무 숲을 걸으며 느꼈던 그 깊고 섬세한 감성을, 그리고 그녀가 자연과 교감하며 나누었던 그 대화를 상상해본다. 그녀의 글을 읽으며, 나는 그날의 비를 피하기만 했던 나 자신이 얼마나 많은 것을 놓쳤는지를 깨달았다. 비는 단지 우리의 여정을 방해하는 장애물이 아니었다. 그것은 대나무와 자연이 함께 속삭이는 노래였고, 그들의 대화였으며, 우리가 잠시 멈추어 귀 기울여야 할 소중한 순간이었다.

배선희 시인은 우산을 쓰고도 비를 온전히 맞으며, 그 빗속에서 자연과의 교감을 이루어냈다. 그녀는 비를 막기 위해 우산을 든 것이 아니라, 그 비와 대나무 속으로 더 가까이 다가가고자 한 것이었다. 나는 이제야 그녀의 마음을 조금이나마 이해할 수 있을 것 같다. 나는 그날 비를 피해 대나무 숲의 소리를 외면했지만, 그녀는 그 비를 맞으며 대나무의 이야기를 들었다. 그녀의 글은 그저 자연의 풍경을 묘사하는 것을 넘어, 자연과 인간의 깊은 교감을 통해 우리가 잊고 지낸 순수한 감각을 일깨워준다.

자연은 때로는 우리에게 말을 건네지만, 그 말을 이해하기 위해서는 우리의 언어를 내려놓고 그들의 언어에 귀를 기울일 필요가 있다. 배선희 시인의 글은 나에게 그러한 교감의 필요성을 다시금 일깨워 주었다. 그녀가 담양 죽녹원에서 비를 맞으며 들은 대나무와 빗소리의 이야기는 그저 한 편의 시가 아니라, 자연과 인간이 서로 이해하고 소통할 수 있는 가능성을 보여주는 아름다운 사례였다.

이제 나는 다시 그곳을 찾아갈 것이다. 이번에는 비를 피하려고 하지 않고, 그 비를 맞으며 대나무와 비의 이야기를 들을 것이다. 비가 내리는 날의 대나무 숲은 더 이상 나에게는 불편한 여정이 아닌, 배선희 시인이 경험한 그 신비롭고 감동적인 순간으로 남을 것이다. 그녀의 글은 나에게 자연과의 새로운 소통의 길을 열어주었고, 그 순간을 놓치지 않도록, 내가 걸어가는 길 위에 잔잔한 감동을 남겼다.■

무지개
- 어머니 첫 제사날에

1.
어머니 가실 때 하늘도 죄 가져가셨다
하늘 우러르지 못한 지 어언 일 년
모두 낮아진 키로 다시 모였다
어머니 손때 묻은 장롱은 제자리인데
늘 앉아 계시던 자리만 남아
빈 방을 그렇게 지켜 오셨다

삶과 죽음 사이의 이별은
아마 모두가 수용해야 하는 간격
어머니의 빈자리 둘러앉아
또 다른 삶으로 메워가고 있다

어머니 생각에 흘리던 눈물도
따뜻한 정도 하나씩 나누어
저마다 유산으로 간직한 듯 언어를 잊고

2.
어머니의 꿈, 희망이었던
자식들이 제사상 앞에 엎드려도
아무런 말씀이 없으신 어머니
'모두 잘 살아야 한다.'
'행복하게 살아야 한다.'

귓가에 스쳐가는 숨소리일 뿐
그저 멈추었던 설움 흐느적이며
뜨거운 눈물 두 볼에 흘러내릴 뿐
이제는 한 말씀도 못하시는 어머니
누구든 문만 열면 울음보 터질세라
안으로 삼키는 나직한 통곡
가슴만 울렁울렁 뜨겁게 넘치고

3.
눈물처럼 토닥거리던 비 태양에 밀리더니
설악산 울신바위를 타고 영랑호를 건너
금강산의 향로봉에 걸치었다

어머니는 그 순간 무지개를 타고.
딸이 허둥거리는 설악산으로 하강하셨다
기댄 창문 앞에 무지개 다리를 놓아
내 뺨 쓰다듬어 주시러 내려오셨다.

울보 막내딸이 늘 울먹일세라
아름다운 빛으로 환희심을 주시었다.
'그래, 어머니는 무지개를 타고 오셔'
'저 천상에서 늘 지켜봐 주셔'

한 생각 바꾸어 들춰 메고 무지개로 나섰다.
생과 사는 몸이 하나일 뿐
한 하늘 안에 함께 있음이리니

■
문학평론가 청람 김왕식

배선희 시인은 일상의 정서를 깊이 있게 다루는 시인으로, 특히 가족과의 추억과 상실을 중요한 소재로 삼아 감정의 깊이를 드러낸다.

이번 시 '무지개'는 어머니의 첫 제사날을 맞아 쓰인 작품으로, 어머니를 잃은 슬픔과 함께 그리움, 그리고 그 빈자리를 메우는 가족의 애정을 섬세하게 표현하고 있다. 어머니의 부재 속에서도 여전히 살아 있는 듯한 따뜻한 존재감을 느끼며, 시인은 자신의 삶을 어머니와의 추억으로 채워가고 있다.

이러한 배선희 시인의 시는 독자로 깊은 감정과 고통, 그리고 그 속에서 피어나는 희망과 사랑의 가치를 제고

하게 만든다.
첫 연에서는 어머니가 세상을 떠났을 때의 깊은 슬픔과 그로 인한 상실감을 하늘이라는 메타포를 통해 표현하고 있다. '어머니 가실 때 하늘도 죄 가져가셨다'라는 구절은 어머니의 죽음과 함께 하늘도 그녀의 무게를 함께 짊어졌다는 뜻으로, 시적 화자의 무거운 마음과 현실을 상징한다.

이어서 '하늘 우러르지 못한 지 어언 일 년'이라는 표현은 시간이 흐른 뒤에도 그리움과 애도의 감정이 여전히 깊이 자리 잡고 있음을 나타낸다.
시인의 표현 방식은 간결하면서도 강렬한 이미지를 통해 독자에게 감정의 깊이를 효과적으로 전달하고 있다.

또한, 어머니의 손때가 묻은 장롱은 여전히 제자리에 있지만, 어머니가 늘 앉아 계시던 자리가 비어 있는 것을 보며, 물리적 공간은 변하지 않았으나 정신적 공간은 어머니의 부재로 인해 큰 변화가 있음을 강조한다. 이러한 대비는 시의 감정적 긴장감을 고조시키며, 시인은 이 장면을 통해 어머니의 존재가 가족에게 얼마나 큰 의미였는지를 전하고 있다.

'삶과 죽음, 사이의 이별은 아마 모두가 수용해야 하는 간격'이라는 표현은 삶과 죽음의 경계를 받아들이고 그 간격을 채워 나가야 하는 우리 모두의 운명을 암시한다. 어머니의 빈자리를 둘러앉아 또 다른 삶으로 메워가는 가족의 모습은 상실 속에서도 계속해서 삶을 이어나가야 하는 인간의 숙명을 상징적으로 보여준다.

두 번째 연에서는 어머니의 존재와 그 의미가 자식들에게 얼마나 깊이 자리 잡고 있었는지를 보여준다. '어머니의 꿈, 희망이었던 자식들'은 어머니의 사랑과 희생을 상징하며, 자식들이 제사상 앞에 엎드려도 더 이상 들을 수 없는 어머니의 목소리는 그리움과 애틋함을 불러일으킨다. '모두 잘 살아야 한다', '행복하게 살아야 한다'는 어머니의 유언 같은 말씀은 자식들이 앞으로 나아가야 할 삶의 방향성을 제시하며, 어머니의 사랑이 얼마나 깊고 강력했는지를 나타낸다.

이 연에서 시인은 어머니와의 소통이 이제는 물리적인 형태가 아닌 내면의 대화를 통해 이루어지고 있음을 강조한다.

'귓가에 스쳐가는 숨소리일 뿐'이라는 표현은 어머니의 목소리가 더 이상 들리지 않지만, 그 기억과 교훈은 여전히 자식들의 마음 속에 남아 있음을 상징한다.

또한, '누구든 문만 열면 울음보 터질세라'는 구절은 어머니의 부재로 인한 슬픔과 고통이 얼마나 깊은지를 표현하는 동시에, 그 슬픔을 감추고 내면으로 삼켜야만 하는 자식들의 애틋한 마음을 드러낸다.

세 번째 연에서는 자연의 이미지와 상징을 통해 어머니와의 만남을 새롭게 해석한다. '눈물처럼 토닥거리던 비'는 시인의 고통스러운 감정을 비유적으로 표현하며, 그 비가 태양에 밀려 무지개로 바뀌는 장면은 슬픔이 희망으로 전환되는 순간을 상징한다.

어머니는 '무지개를 타고' 딸이 있는 설악산으로 내려오신다. 이 장면은 어머니와의 재회를 꿈꾸는 딸의 염원을 시각적으로 형상화한 것으로, 무지개는 하늘과 땅을 잇는 매개체로서 죽음 이후의 세계와 이 세계를 연결하는 다리로 나타난다.
어머니가 '내 뺨 쓰다듬어 주시러 내려오셨다'는 표현은 상상 속에서나마 어머니의 따스한 손길을 느끼고 싶은 시인의 간절한 마음을 드러낸다.

이와 함께 '울보 막내딸이 늘 울먹일세라'는 구절은 어머니의 사랑이 죽음 이후에도 계속 이어지고 있음을 은유적으로 보여준다.

'생과 사는 몸이 하나일 뿐'이라는 결론에서는 죽음이 단절이 아니라 또 다른 형태의 연결임을 깨닫고, 어머니와의 영원한 유대감을 강조하고 있다.
배선희 시인의 시 '무지개'는 어머니의 첫 제삿날을 맞아 쓰인 작품으로, 상실과 그리움 속에서 피어나는 사랑과 희망을 섬세하고도 감동적으로 표현하고 있다. 시는 삶과 죽음의 경계를 초월하여, 그 간격을 메우는 인간의 감정과 기억을 다층적으로 탐구한다. 시인은 어머니의 빈자리를 통해 가족이 함께 이어가는 삶의 모습을 따뜻하게 그려내며, 각 구절마다 감정의 깊이를 더해가는 언어적 표현이 탁월하다.

또한, 무지개라는 자연적 상징을 통해 삶과 죽음의 순환을 시각적으로 형상화하고, 죽음을 삶의 연장선상에 두어 독자로 인생의 본질을 다시금 생각하게 만든다.

시의 감성적 측면에서 배선희 시인의 시어는 매우 부드럽고 섬세하며, 독자에게 따스한 여운을 남긴다. '무지개'라는 제목처럼, 시는 어머니와의 연결을 상징적으로 그려내며 그리움 속에서도 살아갈 희망과 용기를 제공한다.

이 시는 삶과 죽음의 복합적인 의미를 깊이 있게 탐구하는 동시에, 가족 간의 사랑과 유대감이 얼마나 중요한지를 다시금 일깨워주는 따뜻한 시선이 담긴 작품이다.

■
배선희 시인님께

얼마 전, 저는 어머니를 잃고 나서 그 슬픔과 공허함 속에서 하루하루를 힘겹게 보내고 있었습니다. 어머니를 생각하면 가슴 한 켠이 뻥 뚫린 듯한 아픔이 밀려오고, 그리움이 온몸을 휘감아 숨조차 쉬기 힘들었습니다. 그런 와중에 우연히 시인님의 시, '무지개'를 읽게 되었습니다. 처음 몇 구절을 읽었을 때부터, 시 속의 표현들이 마치 저를 꿰뚫어보는 듯했습니다.

특히, "어머니 가실 때 하늘도 죄 가져가셨다"는 구절은 마치 제 마음을 대변하는 듯한 말씀이었어요. 어머니가 떠나신 후, 하늘을 우러러보는 것이 두렵고 어려웠던 제 마음이 고스란히 녹아있는 듯했습니다.
어머니의 첫 제사날에 느껴지는 가족의 공허한 빈자리와 그 안에서 여전히 살아있는 듯한 어머니의 존재감이 시인님의 시 속에서 너무나도 생생하게 다가왔습니다. 제 가슴속 깊이 박혀 있던 슬픔과 그리움이 '무지개'라는 상징을 통해 조금씩 치유되는 것을 느꼈습니다. 어머니의 빈자리가 얼마나 큰지, 그 빈자리를 채우기 위해 우리는 얼마나 서로에게 의지하고 있는지, 시인님의 시를 통해 깨닫게 되었습니다.

저는 어머니의 손길이 닿았던 작은 물건 하나하나를 보며 어머니의 부재를 실감하고, 그리워하며 눈물 흘리곤 했습니다. 시인님의 시에서는 어머니의 손때가 묻은 장롱이 여전히 제자리에 있지만, 어머니의 자리가 비어 있는 그 현실이 저와 너무도 닮아 있었습니다. 그 자리에 앉아 있던 어머니의 모습이 아직도 생생히 떠오르며, 그리움에 목이 메이곤 합니다. 그런데도 그 빈자리를 둘러앉아 다른 삶으로 채워가야 하는 것이 우리네 삶의 숙명임을 알기에, 시 속에서 위로를 찾았습니다.

시의 두 번째 연에서 어머니의 자식들이 제사상 앞에 엎드려도 아무런 말씀이 없으신 어머니의 모습이 너무나도 가슴 아팠습니다. 제가 어머니를 그리워하며 매일

같이 속으로 대화를 나누고, 어머니의 목소리를 떠올려 보지만 이제는 들을 수 없는 그 목소리가 한없이 애틋하게 느껴졌습니다. '모두 잘 살아야 한다'는 어머니의 말씀이 귓가에 스쳐갈 때마다, 어머니의 바람대로 살아가야 한다는 다짐을 하게 되면서도 어머니가 곁에 없는 현실에 대한 슬픔이 밀려옵니다. 시인님의 시에서 "누구든 문만 열면 울음보 터질세라"라는 구절은 그 슬픔을 고스란히 담고 있었습니다. 저 역시, 문만 열면 어머니의 부재로 인해 억눌린 눈물이 터져 나올까 두려웠습니다.

마지막 연에서, 시인님은 어머니가 무지개를 타고 딸에게 내려오시는 장면을 그려주셨습니다. 그 장면은 마치 꿈결 같은 아름다움이었습니다. 무지개를 통해 어머니와 만나는 상상은, 저에게 깊은 감동과 위안을 주었습니다. 어머니가 늘 저를 지켜보고 계신다는 믿음, 그리고 무지개가 하늘과 땅을 잇는 다리가 되어 우리를 연결해준다는 상징이 너무나도 따뜻하게 느껴졌습니다. "그래, 어머니는 무지개를 타고 오셔"라는 구절은 제 마음속에서 어머니와의 만남을 그리며 저 또한 무지개를 타고 어머니를 만나는 꿈을 꾸게 해주었습니다.
삶과 죽음이 하나의 몸으로 함께하고 있다는 깨달음은, 어머니가 멀리 떠나신 것이 아니라 여전히 제 곁에 계신다는 위로로 다가왔습니다. 어머니가 늘 곁에서 저를 지켜봐 주시고, 저를 응원해 주신다는 믿음으로 저는 하루하루를 버티고 있습니다. 이 시를 읽으면서 어머니의 부재로 인한 슬픔을 넘어, 어머니와의 소중한 기억을 간직하며 살아가야겠다는 용기를 얻게 되었습니다.

배선희 시인님의 시 '무지개'는 제게 있어서 단순한 시가 아니라, 제 마음의 깊은 상처를 보듬어주는 따뜻한 손길이었습니다. 어머니를 잃고 난 후, 무엇으로도 채워지지 않을 것 같았던 그 빈자리가 시인님의 시를 통해 조금씩 메워지는 것을 느꼈습니다. 저는 여전히 어머니를 그리워하고, 가끔은 무지개를 보며 어머니가 저를 지켜보고 계신다는 생각에 위안을 얻곤 합니다.

시인님의 시가 저에게 준 위로와 감동에 깊은 감사의 말씀을 전하고 싶습니다. 시인님의 따뜻한 언어와 깊이 있는 감성 덕분에, 저는 어머니와의 추억을 가슴 속에 간직하며 앞으로 나아갈 힘을 얻었습니다. '무지개'라는 시가 저뿐만 아니라 많은 사람들에게도 큰 위로가 되고 있음을 확신합니다. 어머니를 떠나보낸 모든 이들이 이 시를 통해 다시 한번 희망을 찾고, 그리움 속에서도 사랑과 용기를 얻기를 바라봅니다.

그리움

목요일이 돌아오면 나는 병고를 치른다
그녀를 위해 수면제를 사야 하나? 말아야 하나?

그리움에 열병을 앓고 있는 그녀가 목요일이 되면
콩닥거리는 가슴 내밀고 앓고 있는
한눈에 안대 끼고 내 거울 앞에 나타난다

잠을 재워야 하는데
거울 속 그녀의 통증을 줄여 주려면
열반당에 안주하고픈 생각이 되살아나
천둥 치고 번개 치는 그녀의 통증을
어떻게 재워줄 수 있는지.
목요일마다 훤히 트인 담장 너머 빌딩 숲에서
그녀가 내뿜는 한숨 소리를 들이마실 그를 생각하면

내 마음까지 콩닥콩닥!
보지 않으려고 안대를 하고 있지만
맘속을 비집고 내미는
그리움의 싹은 잘라도 잘라내도 돋아나기만.

오늘의 목요일이 가고
또 다른 목요일들이 줄지어 지나가도
그 숱한 그리움의 한으로 얼룩진 그녀는
목요병에 몸부림치기만 할 터인데

내 손에 들려진 거울 속에 비친 그녀는
세진에는 물들지 않는 연잎 같은 얼굴로
스쳐가는 바람 한 조각이길
그저 지나가는 뜬구름이길 바랄 뿐인데도
아! 목요일이면 돋아나는 그리움이 병이 되어
그리움 그리움이 병이 되어.

■
문학평론가 청람 김왕식

배선희 시인은 깊은 내면의 고뇌와 그리움, 삶과 죽음의 경계를 탐구하는 시인이다. 그녀의 시는 대개 일상에서 느끼는 고통과 상처를 시적 언어로 풀어내며, 감정의 미묘한 변화와 심리적 풍경을 묘사하는 데 탁월하다.
특히, 그녀의 시 속에 드러나는 그리움은 단순한 감정의 표현을 넘어서서, 인간 존재의 근원적인 결핍과 소망을 드러낸다.

배선희의 시 세계는 그러한 그리움 속에서 생명력을 찾고, 고통 속에서 아름다움을 발견하려는 시인의 고유한 철학을 반영하고 있다. 이 시 역시 목요일이라는 반복적인 시간의 흐름 속에서 그리움의 병을 앓는 '그녀'의 모습을 통해 삶의 불안정성과 덧없음을 섬세하게 그려내고 있다.

"목요일이 돌아오면 나는 병고를 치른다 그녀를 위해 수면제를 사야 하나? 말아야 하나?" 첫 행에서 시인은 '목요일'이라는 특정한 요일을 중심으로 감정의 변화를 묘사하고 있다. '목요일이 돌아오면'이라는 표현은 시간이 순환하며 반복된다는 느낌을 준다. 이는 그리움이 일정한 주기로 찾아와 고통을 준다는 것을 상징한다. '병고를 치른다'는 표현은 단순한 고통을 넘어선, 신체적이면서도 정신적인 고통을 암시한다.

'그녀를 위해 수면제를 사야 하나? 말아야 하나?'라는 질문은 시적 화자의 갈등을 드러내며, 그녀의 고통을 덜어주고자 하는 마음과 이를 해결할 수 없는 무력감 사이의 딜레마를 나타낸다.

"그리움에 열병을 앓고 있는 그녀가 목요일이 되면 콩닥거리는 가슴 내밀고 앓고 있는 한눈에 안대 끼고 내 거울 앞에 나타난다" 두 번째 행은 그리움의 구체적 대상인 '그녀'에 대한 묘사로 이어진다. '열병을 앓고 있는 그녀'라는 표현은 그리움이 마치 열병처럼 몸을 사로잡고 있음을 의미한다. 이는 감정의 고통이 육체적 고통으로 전이되는 과정을 암시한다. '한 눈에 안대 끼고'라는 표현은 그 고통이 쉽게 가시지 않음을, 그리고 '내 거울 앞에 나타난다'는 묘사는 그녀의 고통이 시적 화자 자신과도 연결되어 있음을 시사한다. 거울은 종종 자아 성찰을 상징하는데, 여기서는 그녀의 고통을 통해 화자 자신도 내면의 고통을 마주하게 된다는 의미로 해석될 수 있다.

"잠을 재워야 하는데 거울 속 그녀의 통증을 줄여 주려면 열반당에 안주하고픈 생각이 되살아나 천둥 치고 번개 치는 그녀의 통증을 어떻게 재워줄 수 있는지."

세 번째 행에서는 그녀의 통증을 줄여주려는 화자의 의도를 표현하고 있다. '잠을 재워야 하는데'라는 표현은 그녀의 고통을 덜어주고자 하는 소망을 의미한다. '열반당에 안주하고픈 생각이 되살아나'라는 구절은 고통의 끝을 바라보는 마음, 즉 죽음 혹은 영원한 평화의 상태를 갈망하는 마음을 나타낸다. 이는 곧바로 천둥과 번개로 상징되는 그녀의 고통으로 이어지며, 그 고통이 쉽게 해결되지 않는 난제임을 드러낸다.

"목요일마다 훤히 트인 담장 너머 빌딩 숲에서 그녀가 내뿜는 한숨 소리를 들이마실 그를 생각하면 내 마음까지 콩닥콩닥! 보지 않으려고 안대를 하고 있지만 맘속을 비집고 내미는 그리움의 싹은 잘라도 잘라내도 돋아나기만."

네 번째 행은 고통과 그리움이 어떻게 시적 화자의 마음을 뒤흔드는지에 대한 묘사다. '훤히 트인 담장 너머 빌딩 숲'이라는 공간적 이미지와 '한숨 소리'는 그녀의 고통이 일상의 공간을 넘어 퍼져나가고 있음을 시사한다.

'보지 않으려고 안대를 하고 있지만'이라는 표현은 그 고통을 외면하고 싶어 하는 마음을 드러낸다. 그러나 '맘속을 비집고 내미는 그리움의 싹은 잘라도 잘라내도 돋아나기만'이라는 구절은 그리움이 억누르려 해도 계속해서 돋아나는 존재임을 강조하며, 그리움의 불가피성과 영속성을 보여준다.

"오늘의 목요일이 가고 또 다른 목요일들이 줄지어 지나가도 그 숱한 그리움의 한으로 얼룩진 그녀는 목요병에 몸부림치기만 할 터인데"

다섯 번째 행에서는 목요일이라는 반복적 시간이 계속되는 가운데, 그리움이 지속적으로 그녀를 괴롭히는 모습을 묘사하고 있다. '목요병'이라는 신조어는 그리움이 특정한 시간에 더 강하게 나타나는 심리적 고통의 상태를 상징한다. 이는 시간의 흐름이 그리움의 치유가 아니라 오히려 그 고통을 반복하고 강화하는 매개체로 작용하고 있음을 나타낸다.

"내 손에 들려진 거울 속에 비친 그녀는 세진에는 물들지 않는 연잎 같은 얼굴로 스쳐가는 바람 한 조각이길 그저 지나가는 뜬구름이길 바랄 뿐인데도"

여섯 번째 행은 화자가 바라는 이상적 상태를 표현하고 있다. '세진에는 물들지 않는 연잎 같은 얼굴'은 세속적 고통과 번뇌에 물들지 않고 초연한 상태를 나타낸다. 이는 그녀가 고통에서 벗어나기를 바라는 화자의 간절한 소망을 담고 있다. '스쳐가는 바람 한 조각'과 '지나가는 뜬구름' 역시 일시적이고 덧없는 존재로, 그리움과 고통이 사라지기를 바라는 마음을 상징한다.

"아! 목요일이면 돋아나는 그리움이 병이 되어 그리움 그리움이 병이 되어."

마지막 행은 시의 핵심 주제를 압축적으로 드러낸다. '그리움이 병이 되어'라는 반복적인 표현은 그리움이 단순한 감정이 아닌, 점차 심화되는 내면의 고통으로 전이되는 과정을 암시한다.

이는 그리움의 상처가 깊어지고, 시간이 지날수록 더욱 뿌리박히는 상황을 표현하고 있다.

배선희의 시는 그리움과 고통을 반복적으로 경험하는 인간의 심리를 섬세하게 탐구하며, 이를 통해 시간과 존재의 본질에 대한 깊은 성찰을 이끌어낸다. '그리움'은 이 시에서 단순한 감정의 차원을 넘어선, 존재의 근원적 조건으로 제시된다.

특히 '목요일'이라는 시간적 반복성은 그리움의 지속성과 그 불가피함을 강조하며, 고통과 치유의 변증법적 관계를 드러낸다. 시의 표현은 직설적이면서도 은유적이며, 고통의 이미지를 통해 독자에게 강렬한 감정적 반응을 일으킨다.

배선희의 시 세계는 이러한 그리움 속에서의 존재의 이유를 찾고, 삶과 죽음의 경계를 넘어선 성찰을 요구한다. 이는 그녀의 시가 단순한 감정의 토로가 아닌, 인간 존재의 근원적 문제를 탐구하는 깊이 있는 철학적 사유임을 보여준다.

■
배선희 시인님께

안녕하세요. 시인님의 시 "그리움"을 읽고 깊은 감동과 여운을 느껴 이렇게 글을 올립니다. 시를 읽으며 저는 시인이 그려내는 섬세한 감정의 결을 따라가며, 삶의 깊은 한 구석을 함께 들여다보는 듯한 경험을 했습니다. 시인님의 시는 단순히 읽는 것에서 그치는 것이 아니라, 마음 깊은 곳에 자리 잡은 그리움과 마주하게 만드는 힘이 있었습니다.

"그리움"이라는 제목에서부터 느껴지는 아릿한 감정의 무게감은, 시 속에서 점점 더 짙어지며 독자에게 그리움이란 감정이 지닌 복합적인 성질을 되새기게 만듭니다. 특히, 시 속에서 반복되는 목요일이라는 시간이 그리움의 심화를 상징하며, 그리움이란 감정이 얼마나 우리 삶을 지배하고, 때로는 병처럼 우리를 괴롭힐 수 있는지에 대한 묵직한 통찰을 던져주셨습니다.

목요일이 돌아올 때마다 찾아오는 그리움의 병고와 그것을 견뎌내야 하는 시적 화자의 심정은, 마치 우리의 일상 속에서도 반복되는 어떤 감정의 패턴을 상기시키는 듯했습니다. 누구나 한 번쯤 겪었을 법한 그리움의 무게, 그것이 시간이 지날수록 더 뿌리 깊게 자리 잡는 감정의 흐름을 시인님께서는 너무나도 사실적이고도 아름답게 그려내셨습니다. 그리움을 병으로 묘사하신 부분에서는 그 감정이 주는 고통이 얼마나 깊은지 느껴졌고, 그 안에서 시인이 찾고자 하는 평화와 위안에 대한 갈망 또한 절절히 와 닿았습니다.

또한, 시 속에서 느껴지는 고요한 아픔과 동시에 번뜩이는 생명력은, 그리움이라는 감정의 양면성을 대변하는 것처럼 느껴졌습니다. 그리움이 우리를 무겁게 짓누르기도 하지만, 그 감정을 통해 새로운 깨달음과 성찰을 얻을 수 있다는 가능성을 열어두고 있는 듯했습니다. 그래서인지, 시를 다 읽고 나서도 한동안 시의 잔상이 가시지 않고, 오히려 더 깊이 마음에 스며들어 사유하게 만들었습니다.

시인님의 시는 독자에게 단순한 감정의 표출을 넘어, 우리 삶의 본질과 그 속에 담긴 무수한 감정들을 다시금 돌아보게 만듭니다. 그리움의 감정은 때로는 고통스럽지만, 그것이 우리에게 주는 의미와 가치를 다시 생각하게 하는 힘이 있습니다. 시인님의 시는 그런 그리움의 힘을 깊이 탐구하고, 그 속에서 발견되는 인간적인 면모를 섬세하게 그려내고 있기에, 더욱더 큰 울림으로 다가오는 것 같습니다.

배선희 시인님의 작품을 읽을 때마다 느끼는 감동과 울림이 참으로 큽니다. 시인이 느끼는 감정의 결을 독자와 함께 공유하고, 그것을 통해 삶의 새로운 면모를 발견할 수 있도록 이끌어주셔서 감사합니다. 앞으로도 시인님의 깊이 있는 시 세계를 통해 많은 이들이 마음의 위로와 통찰을 얻을 수 있기를 바랍니다. 항상 건강하시고, 시

인님의 시 속에서 우리가 그리워하는 모든 것들을 다시금 만날 수 있기를 소망합니다.■

자죽염

서해 천일염을
대나무통에 찢어 넣어
굽고 또 국기를 아홉 번,
태울 것을 다 태워버리고 남은
태양의 심장 같은 뜨거운 명줄을 부어내려
신비롭게 다툰 개암 자죽염.

속앓이 지병을 앓으시던
어머님의 가슴을 쓸어드리려고 만들었다는
죽염 명인 얼굴엔 짠 내가 배어 있다 짭짤하게 삽
시다!
찍 웃는 미소 뒤로 바닷바람이 불고 있다

두 분의 형님을 부처님께 보내 드리고 막내가 짊어진
생의 무게가 오죽했으랴! 올곧은 성품을 앞세워
머리에 흰구름 휘감았다

한때는 책을 만들어
마음의 양식을 나누어 주려 분주했는데
이제는 자죽염을 만들어
사람들 속을 다스리려 분주한 사람.

자죽염 한 알갱이 입에 넣는데
짠맛도 뜨거운 맛도 느끼기 전에
왜 눈물이 날까? 짠 눈물이 날까?

■
문학평론가 청람 김왕식

배선희 시인의 삶은 한 편의 시와 같다. 그는 생의 고통과 슬픔을 시를 통해 승화시키며, 내면의 깊은 성찰과 고요함을 표현하는데 능하다.
특히 자연과 인간의 내면을 밀접하게 연결하여 작품을 통해 독자에게 인간의 삶과 본질에 대한 사색을 유도한다. 그의 시는 일상의 소소한 경험에서부터 철학적인 사유에 이르기까지 다채로운 주제를 아우르며, 그 속에 담긴 인간적인 따뜻함과 감동을 통해 독자의 마음을 울린다.

"자죽염"이라는 시에서 그는 죽염을 소재로 삶의 본질을 묵묵히 견디며 살아가는 사람들의 이야기를 풀어낸다.
"서해 천일염을 / 대나무통에 찢어 넣어 / 굽고 또 굽기를 아홉 번,"은 서해의 천일염을 대나무 통에 찢어 넣고 구워내는 죽염의 제작 과정을 시각적으로 보여준다.

이는 시적 화자가 삶의 고난을 반복해서 견뎌내는 과정을 비유적으로 표현한 것이다. 죽염을 만드는 과정은 마치 인간이 삶의 여러 어려움을 극복하고 성숙해가는 과정을 연상시킨다. "아홉 번"이라는 숫자는 고통과 인내의 극한을 상징하며, 그만큼의 수고와 노력을 필요로 하는 삶의 여정을 암시한다.

"태울 것을 다 태워버리고 남은 / 태양의 심장 같은 뜨거운 명줄을 부어내려"는 죽염을 구워내는 과정에서 불에 의해 모든 불순물이 제거되고 순수한 본질만이 남는 순간을 표현한다. "태양의 심장 같은"이라는 비유는 생명력과 에너지를 상징하며, 모든 시련을 견뎌낸 후 비로소 얻어지는 순수한 열정과 힘을 의미한다. 이러한 뜨거운 명줄은 죽염이 단순한 소금이 아니라 영혼의 정화와 생명력을 상징하는 존재로 거듭나게 함을 시사한다.

"신비롭게 다툰 개암 자죽염." 이 구절은 죽염의 신비로운 성질을 언급한다. 죽염은 그 자체로도 자연의 신비로움을 간직한 존재이며, 그것이 가지고 있는 생명력과 치유의 힘은 과학적으로도 쉽게 설명할 수 없는 신비로움을 갖고 있다.

시인은 이를 통해 자연이 가진 치유의 힘과 그 신비를 독자에게 상기시키고자 한다.
"속앓이 지병을 앓으시던 / 어머님의 가슴을 쓸어드리려고 만들었다는 / 죽염 명인 얼굴엔 짠 내가 배어 있다"는 구절은 죽염을 만든 이의 개인적인 이야기를 담고 있다. 지병으로 고생하던 어머니를 위해 죽염을 만들었다는 명인의 이야기는 시에 감성적 깊이를 더하며, 그가 죽염에 담아낸 정성과 사랑을 강조한다.

또한, "짠 내가 배어 있다"는 표현은 죽염이 단순한 소금이 아닌, 그 안에 녹아든 사람들의 이야기가 고스란히 담긴 '삶의 소금'임을 상징한다.

"짭짤하게 삽시다! / 찍 웃는 미소 뒤로 바닷바람이 불고 있다"에서는 짭짤한 인생을 긍정적으로 살아가자는 명인의 삶의 철학이 드러난다.

바닷바람은 고난과 시련을 상징하면서도, 그 속에서 빛나는 미소는 긍정적인 삶의 태도를 반영한다. 시인은 이를 통해 인생의 시련 속에서도 희망을 잃지 말고 살아갈 것을 독려한다.

"두 분의 형님을 부처님께 보내 드리고 막내가 짊어진 생의 무게가 오죽했으랴!" 이 구절은 시인의 개인적인 고통과 가족사적 비극을 상기시키며, 그가 감당해야 했던 인생의 무게를 더욱 실감나게 드러낸다.

삶의 고통을 견디며 살아가야 했던 시인의 모습을 통해, 죽염을 만드는 일이 단순한 생업이 아닌 삶의 철학과 연결된 행위임을 암시한다.

"올곧은 성품을 앞세워 / 머리에 흰구름 휘감았다"는 구절은 그가 지니고 있는 올곧은 성품과 고결한 정신을 강조한다. 흰구름은 순수함과 고결함을 상징하며, 그의 인격적 품격과 삶에 대한 신념을 나타낸다. 이는 자연과 인간의 조화로운 관계를 추구하는 시인의 가치관을 반영한다.
"한때는 책을 만들어 / 마음의 양식을 나누어 주려 분주했는데 / 이제는 자죽염을 만들어 / 사람들 속을 다스리려 분주한 사람."

이 부분은 시인이 삶의 방향을 바꾸어, 이제는 죽염을 통해 사람들의 마음과 몸을 치유하려는 모습을 보여준다. 이는 그의 인생 철학이 단순히 물질적 가치에 머무르지 않고, 더 큰 인류애와 생명에 대한 사랑으로 확장되었음을 시사한다.

"자죽염 한 알갱이 입에 넣는데 / 짠맛도 뜨거운 맛도 느끼기 전에 / 왜 눈물이 날까? 짠 눈물이 날까?"

마지막 구절은 시인의 삶과 죽염의 상징성을 가장 감성적으로 드러낸다. 죽염 한 알갱이는 단순한 소금이 아니라, 그 안에 담긴 수많은 인생의 이야기와 고난, 그리고 사랑의 결정체다. 짠 눈물이 나는 이유는 그 안에 담긴 인간의 숭고한 정성과 희생을 느끼기 때문일 것이다.

요컨대, "자죽염"은 배선희 시인의 삶과 철학이 녹아 있는 작품이다. 시인은 죽염이라는 소재를 통해 자연과 인간의 삶을 밀접하게 연결하며, 그 안에서 발견되는 숭고한 가치와 의미를 탐구한다.

그의 시는 단순한 묘사가 아니라, 인간의 본질과 삶의 철학을 깊이 있게 사유하게 만드는 힘이 있다. 시를 통해 시인은 인생의 고난과 시련 속에서도 흔들리지 않는 강인한 생명력과 사랑의 가치를 노래하며, 독자에게 삶의 진정한 의미를 다시금 일깨워준다.

■
배선희 시인님께

안녕하십니까. 시인님의 시 "자죽염"을 읽고 감명을 받아 이 글을 쓰게 되었습니다. 먼저 시인님의 깊은 내면과 그 안에 담긴 철학적 사유에 깊이 감사드립니다. 시를 읽는 내내 시인의 진솔한 목소리와 고요하면서도 강렬한 울림이 느껴져 마음이 가득 차오르는 듯한 경험을 했습니다.

"자죽염"은 단순히 죽염이라는 소재를 넘어서, 그 안에 담긴 생의 깊이와 철학, 그리고 인간의 고통과 인내를 섬세하게 담아낸 작품이라는 생각이 듭니다. 시인님께서 죽염을 통해 자연과 인간의 관계를 성찰하고, 그 속에서 발견되는 삶의 본질을 탐구하는 모습은 매우 인상적이었습니다. 자연과 인간의 연결고리를 시적으로 풀어내는 시인님의 탁월한 능력이 독자인 저를 깊이 끌어들였습니다.

시를 읽으며 느낀 첫 번째 인상은 시가 가진 강렬한 생명력이었습니다. 시의 언어는 매우 절제되어 있으면서도, 그 안에 담긴 감정과 의미는 뜨겁고 생동감 있게 느껴졌습니다. "자죽염"을 통해 시인님은 단순히 자연을 묘사하는 것에 그치지 않고, 그 자연 속에 담긴 인간의 이야기를 풀어내고자 하는 의지를 강하게 드러내셨다고 생각합니다. 특히 시 속에 담긴 죽염 제작 과정의 상세한 묘사는 마치 한 폭의 그림처럼 생생하게 다가왔습니다. 그 과정 속에서 시인님의 철학과 가치관이 자연스럽게 드러나는 점이 참으로 감동적이었습니다.

두 분의 형님을 부처님께 보내드리고, 막내로서 생의 무게를 감당해야 했던 시인님의 개인적 이야기가 녹아 있는 부분에서는 저도 모르게 마음이 울컥했습니다. 삶의 무게를 견디며 살아가는 사람들의 이야기를 담담하게 풀어내면서도, 그 안에 녹아 있는 깊은 애정과 헌신이 시의 분위기를 더욱 풍성하게 만들어주었습니다. 특히 죽염을 만들게 된 이유가 어머님의 속앓이를 달래드리기 위함이었다는 부분에서는 시인님이 가지고 계신 따뜻한 인간미와 사랑이 절절히 느껴졌습니다.

삶의 고통과 시련 속에서도 희망을 잃지 않고 긍정적으로 살아가자는 메시지가 시 곳곳에 배어 있습니다. "짭짤하게 삽시다!"라는 문구는 짧지만, 그 안에 담긴 의미는 무척이나 무겁고도 강렬했습니다. 시인님이 전하는 삶의 철학은 저에게 큰 위로와 격려가 되었습니다. 시인님의 글을 통해 인생의 여러 고난과 역경 속에서도 긍정의 빛을 잃지 않는 태도의 중요성을 다시금 깨닫게 되었습니다.

또한 시의 마지막 부분에서 자죽염 한 알갱이를 입에 넣었을 때 느껴지는 감정은 매우 인상적이었습니다. 짠맛도 뜨거운 맛도 느끼기 전에 눈물이 나는 이유는 그 안에 담긴 수많은 사연과 정성 때문이겠지요. 시인은 단순히 죽염을 소재로 사용한 것이 아니라, 그 안에 담긴 인생의 이야기와 사람들의 희생, 그리고 사랑을 아름답게 그려내셨습니다. 이러한 부분에서 시인님의 시가 가진 힘과 매력이 더욱 빛을 발한다고 생각합니다.

"자죽염"은 단순한 시가 아니라, 시인의 삶과 철학이 고스란히 녹아 있는 작품임을 느낄 수 있었습니다. 시를 통해 시인님은 독자에게 삶의 본질과 인간의 내면을 깊이 있게 성찰하도록 이끌고 있습니다. 시의 구절 하나하나가 마치 오랜 시간 숙성된 와인처럼 깊은 맛과 향을 가지고 있어, 읽을수록 더 큰 울림을 줍니다.

배선희 시인님의 시를 통해 많은 것을 느끼고, 또 많은 생각을 하게 되었습니다. 시인님의 따뜻한 시선과 삶에 대한 깊은 통찰이 앞으로도 많은 독자들에게 위로와 감동을 줄 것이라 확신합니다. 앞으로도 시인님의 아름다운 시를 통해 더 많은 사람들과 마음을 나누시길 기원합니다.

진심으로 존경과 감사의 마음을 전하며, 항상 건강하시고 평안하시길 바랍니다.

봄 마중

겨울잠에서 깨어난 수목들이
개울물을 빨아올려 목축이는 소리로
졸졸 거리며 산천을 적시우고 있다.

골짜기에선 맹꽁이들이
산등성이에서는 산새들이 목청을 높여
가지마다 문을 두들겨 움을 틔우고 있다.

앞서 나선 복사꽃 잎이 바람을 타고
토담집 펜션 위를 지나가다가
내 신발 위에 살포시 내려앉는다

이들이 이 산천의 주인들로
나를 반기는 손님맞이 몸짓으로
단양 가고픈 흙집의 봄 마중!

내가 봄날 문전에 기대서서
산바람을 쐬고, 산내음에 젖고 있다.
올해도 봄기운이 목까지 차오르는 봄 마중!

■
문학평론가 청람 김왕식

배선희 시인은 자연과 인간의 조화로운 공존을 주제로 시를 통해 그린다. 그의 작품은 자연 속에서 인간의 내면을 탐구하며, 인간이 자연과 함께하는 순간의 아름다움과 깊이를 감각적으로 표현한다. 이러한 특징은 자연의 사계절 변화와 그에 따른 인간의 감정 변화, 삶의 순환을 시로 형상화하는 배선희 시인의 문학적 세계관에서 잘 드러난다.

그의 시는 일상 속에서 놓치기 쉬운 자연의 순간들을 섬세하게 포착하고, 그것을 통해 인간 존재의 의미를 되새기게 만든다.

'봄마중'이라는 시 또한 자연과의 만남을 주제로, 자연의 부드럽고 생명력 넘치는 이미지를 통해 독자에게 따뜻한 감동을 준다.

첫 행에서는 겨울잠에서 깨어난 "수목들"이 개울물을 끌어올려 목을 축이는 소리를 묘사한다. 여기서 "수목들"은 봄을 맞이하는 자연의 생명체들로 해석할 수 있다. 겨우내 잠들어 있던 생명들이 깨어나 자연의 일부로서 활발히 움직이기 시작하는 모습이 그려진다.
이 장면은 새로운 시작과 생명의 탄생을 상징하며, 자연의 회복력과 생명력을 상기시킨다. 또한 "졸졸 거리며 산천을 적시우고 있다"는 표현은 물의 흐름을 의성어로 표현하여 독자가 자연의 소리를 상상할 수 있게 한다.

두 번째 행에서는 골짜기와 산등성이에서 맹꽁이들과 산새들이 목청을 높이며 가지마다 "문을 두들겨 움을 틔우고 있다"고 묘사한다. 여기서 "문을 두들기다"라는 표현은 생명들이 봄의 시작을 알리는 적극적인 움직임을 형상화한 것이다.

또한 "움을 틔운다"는 표현은 나무들이 새싹을 틔우는 모습을 비유적으로 표현하여 자연의 생명력이 폭발하는 순간을 생생하게 그려낸다.

세 번째 행에서는 복사꽃 잎이 바람을 타고 펜션 위를 지나 신발 위에 내려앉는 모습을 묘사한다. 이 장면은 자연과 인간이 만나는 순간을 상징적으로 보여준다. 자연의 일부인 꽃잎이 인간의 공간으로 스며드는 순간은 자연과 인간의 경계가 허물어지는 순간을 의미하며, 이는 시인이 자연을 인간의 일부로 여기는 가치 철학을 잘 드러낸다.

네 번째 행은 자연의 주인인 이들이 시인을 반기는 몸짓으로 흙집의 봄을 맞이하는 장면을 묘사한다. 여기서 "단양 가고픈 흙집의 봄마중"은 자연 속에서 평온함을 찾고자 하는 인간의 본능적 욕망을 드러낸다.
흙집은 자연과 조화를 이루는 공간으로서, 현대의 인간이 잃어버린 자연과의 유대를 다시금 되찾고자 하는 염원을 상징한다.

다섯 번째 행에서는 시인이 봄날 문전에 기대서서 산바람을 쐬고 산내음에 젖는 모습을 표현한다. 이는 자연 속에서 느끼는 감각적 경험을 통해 자연과 하나 되는 순간을 그려낸다.

이러한 순간은 인간의 마음을 정화시키고, 자연과의 동질감을 형성하게 한다. 이는 자연과 인간의 교감과 상호작용을 강조하는 시인의 철학적 사유를 반영한다.

마지막 행에서는 "올해도 봄기운이 목까지 차오르는 봄마중!"이라는 표현을 통해 자연의 생동감과 활력이 독자의 내면 깊숙이 전달된다. "봄기운이 목까지 차오른다"는 표현은 자연의 생명력이 시인의 몸과 마음을 가득 채우는 모습을 상징하며, 독자에게도 그 감정을 고스란히 전한다.

이 시에서 주목할 만한 것은 자연의 생동감과 인간의 감정적 교감이 유기적으로 엮여 있다는 점이다. 배선희 시인은 자연을 단순한 배경으로 사용하지 않고, 자연 속에서 인간이 느끼는 감정과 경험을 하나로 엮어내어, 독자에게 깊은 감동을 선사한다.

자연의 섬세한 이미지와 생생한 묘사로 인해 독자는 마치 그 현장에 있는 듯한 몰입감을 느끼게 된다. 이러한 표현은 시인이 지닌 자연에 대한 애정과 경외감, 그리고 인간과 자연이 조화를 이루는 삶에 대한 깊은 통찰을 보여준다.

'봄마중'은 자연과 인간이 만나 서로를 맞이하는 따뜻한 순간을 담고 있다. 시인은 자연의 다양한 생명체와 요소들을 통해 새로운 시작과 생명의 기쁨을 노래하며, 동시에 인간이 자연과 다시 연결되기를 바라는 염원을 담고 있다. 배선희 시인의 작품은 이러한 자연과 인간의 조화를 통해 독자에게 잃어버린 감각을 회복하고, 자연과 함께하는 삶의 아름다움을 재발견하게 한다. '봄마중'은 그만큼 자연에 대한 존경과 감사, 그리고 삶의 근원적인 기쁨을 전하는 시로, 독자에게 따스한 위로와 생명의 소중함을 되새기게 한다.

■
배선희 시인에게

배선희 시인님의 시 '봄 마중'을 읽고 저의 마음 깊은 곳에서 따뜻한 울림이 전해졌습니다. 이 시가 지닌 자연과의 조화로운 교감은 단순히 봄의 정취를 그려내는 데 그치지 않고, 자연과 인간이 서로 맞닿는 순간을 섬세하게 포착하고 있음을 느낄 수 있었습니다. 시인님께서 그려내신 세계는 봄의 부드러운 기운이 스며들어와 마음속에서 잔잔한 파동을 일으키며, 마치 제가 그 현장에 서 있는 듯한 생생한 경험을 하게 해주었습니다.

'봄 마중'을 읽는 동안, 저는 자연의 생동감과 그 안에서 인간이 느끼는 감정들이 절묘하게 어우러져 있다는 것을 느꼈습니다. 자연을 단순히 배경으로 삼지 않고, 자연과의 상호작용을 통해 인간의 내면을 깊이 있게 탐구하는 시인의 시선이 정말 인상적이었습니다. 시의 구절구절이 하나하나 살아있는 듯한 생명력을 가지고 독자를 감싸 안는 느낌이었습니다. 이 시를 통해 자연과 인간이 마주하는 따스한 순간, 그리고 그 속에서 새롭게 시작되는 생명과 희망을 자연스럽게 마주하게 되는 것 같았습니다.

특히 시의 첫 구절에서부터 시인은 독자에게 봄의 기운이 가득 찬 장면으로 초대합니다. 겨울잠에서 깨어난 수목들이 졸졸 물소리를 내며 산천을 적시우는 모습은 단순한 자연의 현상을 넘어, 생명이 깨어나며 자연과 인간이 조화를 이루는 순간을 그려내고 있습니다. 이러한 묘사는 독자로 하여금 자연의 경이로움에 감탄하게 만들고, 일상 속에서 쉽게 지나칠 수 있는 순간들을 다시금 돌아보게 합니다. 시를 읽으며 자연과 교감하는 순간의 소중함을 깨닫게 되고, 그 순간들이야말로 우리 삶의 중요한 한 부분임을 새삼 느끼게 되었습니다.

또한, 복사꽃 잎이 바람을 타고 내려와 신발 위에 살포시 앉는 장면에서는 자연과 인간의 경계가 허물어지는 순간을 느낄 수 있었습니다. 자연이 인간의 세계로 스며 들어오는 모습은 우리가 자연의 일부임을 다시금 깨닫게 해주며, 자연과의 조화로운 관계를 잃어버린 현대인들에게 큰 울림을 줍니다. 시인의 글을 통해 우리는 자연을 단순히 보는 대상이 아닌, 느끼고 교감해야 할 존재로 인식하게 됩니다. 이는 자연에 대한 경외심과 애정이 가득 담긴 시인의 철학이 잘 반영된 부분이라고 생각합니다.

'봄 마중'은 시인님께서 그려낸 자연의 섬세한 이미지와 생동감 넘치는 묘사로 인해 독자에게 깊은 몰입감을 선사합니다. 시를 읽으며 자연과 교감하고, 그 속에서 나를 찾는 시간은 저에게 큰 힐링의 순간이었습니다. 또한, 봄의 기운이 목까지 차오르는 장면에서는 자연의 생명력이 시인의 몸과 마음을 가득 채우는 듯한 감각을 생생하게 전달받았습니다. 이런 표현은 자연과 함께하는 삶의 기쁨과 감동을 한껏 느끼게 해주었고, 자연에 대한 감사와 존경의 마음이 더욱 커지게 했습니다.

시인님께서는 일상의 사소한 순간 속에서 자연의 아름

다움을 포착하고, 그 속에서 우리가 미처 인지하지 못한 삶의 소중한 가치들을 되새기게 만드십니다. '봄 마중'을 읽고 나니, 제가 사는 세상에도 이러한 아름다운 순간들이 얼마나 많은지 돌아보게 됩니다. 그리고 그 순간들을 느끼고 감사하는 마음으로 살아가고 싶어졌습니다. 시인님의 시를 통해 자연과 인간의 교감을 느끼며, 그 안에서 우리는 서로에게 존재의 의미를 부여하는 존재임을 깨닫게 됩니다.

'봄 마중'은 단순한 봄의 풍경을 그리는 시가 아닙니다. 자연과 인간이 조화를 이루며 서로를 맞이하고, 그 속에서 생명의 기쁨과 희망을 노래하는 깊이 있는 작품입니다. 시인의 시어는 따스하고 부드러우며, 자연에 대한 깊은 애정과 경외심이 담겨 있습니다. 이러한 감동은 독자에게 자연과 다시 연결되고자 하는 본능적인 갈망을 일깨워줍니다.

시인님의 작품을 통해 저는 자연과의 교감이 우리의 삶에 얼마나 중요한지, 그리고 그것이 주는 위로와 평화가 얼마나 큰지 다시 한번 느꼈습니다. 시를 읽으며 마음이 맑아지고, 자연과 함께하는 순간이 얼마나 소중한지 깨달을 수 있었습니다. 시인님의 시는 독자로 잃어버린 감각을 되찾게 하고, 자연과 함께하는 삶의 아름다움을 재발견하게 만드는 큰 힘을 지니고 있습니다. 앞으로도 자연과 인간의 조화로운 순간들을 그려내는 시인님의 작품을 계속해서 만나볼 수 있기를 기대합니다.

꽃순이

꽃순이라 부르는 나는
봄이 내놓은 작품들을 보고 있노라면
어느새 나를 잊어버린다.
꽃이 나를 보는지, 내가 꽃을 보는지를.

꽃과 하나가 되어
서로 무아지경無我之境에 흠뻑 빠져 있노라면
세상이 다 꽃밭이 되는 삼매에 든다
애써 삼매경三昧境에 빠지려 하지 않아도
 봄은 나를 감싸고 세상 시름 다 털어내
 잃어버린 나를 되찾아 나서게 한다

꽃을 찾아 나서는 꽃순이는
어느새 나비인가, 꿀벌인가?
꽃마다 꽃가루를 팍팍 뿌려주고
꽃 속을 누비고 나온 벌·나비가 된다.

꽃을 즐기는 나는
꽃동산을 내밀어 나를 여왕으로 영접하는
자연이 그렇게도 마냥 좋아라.

꽃순이는 꽃삼매三昧에서 빠져나오더라도
요렇게 예쁜 꽃순이들을
내 집으로 데려와 밤새 들여다보느라
동공瞳孔 새빨갛게 물들어 버렸네.
이래서 저래서 나는 꽃순이다

■
문학평론가 청람 김왕식,

시인 페이지 배선희는 깊다.
노장老莊을 자유자재로 주무르면서
소녀의 감성을 지니고 있다.

'꽃순이'라는 시는 시인 배선희의 감성적이고 심미적審
美的인 시각을 잘 담아내고 있다. 이 시를 분석하고 해
석하는 과정에서 각 행이 의미하는 바를 다양한 각도에
서 다층적으로 섬세하게 살펴보고, 표현상의 특징과 작
가가 독자에게 전달하고자 하는 메시지를 구체적으로
살펴보겠다.

"꽃순이라 부르는 나는
봄이 내놓은 작품들을 보고 있노라면

어느새 나를 잊어버린다.
꽃이 나를 보는지, 내가 꽃을 보는지를, "

첫 연에서 시인은 자신을 "꽃순이"라고 부르며 시작한다. 여기서 "꽃순이"는 꽃을 사랑하고 꽃과 하나 되는 자아를 의미한다. 봄이라는 계절이 내놓은 작품들, 즉 꽃들을 보고 있으면 시인은 어느새 자신을 잊어버린다. 여기서 "꽃이 나를 보는지, 내가 꽃을 보는지를"이라는 표현은 시인과 자연이 하나가 되는 순간을 상징한다.

이 부분의 장주지몽莊周之夢을 연상케 한다. 시인은 자신과 자연의 경계가 흐려지고 서로를 바라보는 경지에 이른다.

"꽃과 하나가 되어 서로 무아지경無我之境에 흠뻑 빠져 있노라면 세상이 다 꽃밭이 되는 삼매三昧에 든다
애써 삼매경에 빠지려 하지 않아도 봄은 나를 감싸고 세상 시름 다 털어내 잃어버린 나를 되찾아 나서게 한다"

둘째 연에서는 시인이 꽃과 하나가 되어 무아지경에 빠진다. 여기서 "무아지경無我之境"과 "삼매三昧"는 불교 용어로, 자아를 잊고 몰입하는 경지를 의미한다. 시인은 삼매경三昧境에 빠지려 애쓰지 않아도 봄이 자연스럽게 자신을 감싸고 세상의 시름을 털어내며, 잃어버린 자아를 되찾게 한다고 말한다. 이는 자연과의 조화 속에서 자신을 재발견하는 과정을 나타낸다.

"꽃을 찾아 나서는 꽃순이는
어느새 나비인가, 꿀벌인가?
꽃마다 꽃가루를 팍팍 뿌려주고
꽃 속을 누비고 나온 벌·나비가 된다."

셋째 연에서는 꽃을 찾아 나서는 자신을 나비나 꿀벌에 비유한다. 이는 꽃을 즐기고 꽃 속을 누비며 꽃가루를 뿌려주는 나비나 꿀벌처럼 자연 속에서 활발히 활동하는 모습을 묘사한다. 여기서 시인은 자연의 일부가 되어 그 안에서 자유롭고 활기차게 살아가는 자아를 표현한다.

"꽃을 즐기는 나는
꽃동산을 내밀어 나를 여왕으로 영접하는
자연이 그렇게도 마냥 좋아라."

넷째 연에서는 꽃을 즐기는 시인이 자연 속에서 여왕으로 영접받는 모습을 그린다. 이는 자연이 시인을 환영하고 그녀에게 최고의 자리를 내어주는 장면을 상상한 것이다. 시인은 자연 속에서 자신을 소중히 여기는 존재로 느끼며 큰 기쁨을 누린다.

"꽃순이는 꽃삼매에서 빠져나오더라도
요렇게 예쁜 꽃순이들을
내 집으로 데려와 밤새 들여다보느라

동공 새빨갛게 물들어 버렸네.
이래서 저래서 나는 꽃순이다"

다섯째 연에서는 꽃삼매에서 빠져나온 후에도 여전히 꽃에 대한 애정을 나타낸다. 시인은 예쁜 꽃들을 집으로 데려와 밤새 들여다보느라 동공瞳孔이 새빨갛게 물들었다고 한다. 이는 꽃에 대한 깊은 사랑과 집착을 의미한다. 마지막 행에서 "이래서 저래서 나는 꽃순이다"라고 말하며 시인은 자신이 꽃을 사랑하는 이유를 강조한다.

이 시는 시각적 이미지와 감각적 표현을 통해 자연과의 조화를 생생하게 그려내고 있다. 시인은 꽃을 사랑하고 꽃과 하나 되는 과정을 통해 자아를 재발견하는 모습을 그린다.

불교적 용어인 "무아지경"과 "삼매"를 사용하여 시인의 몰입과 깨달음을 표현한 점이 인상적이다. 또한, 시인은 나비와 꿀벌에 비유하여 자신의 활동성을 강조하고, 자연 속에서 여왕으로 영접받는 상상을 통해 자연에 대한 깊은 애정을 드러낸다.

이 시를 통해 시인이 독자에게 전달하고자 하는 메시지는 자연과의 조화 속에서 자아를 발견하고, 자연 속에서의 기쁨과 자유를 누리는 것이다. 시인은 자연과 하나가 되어 자신을 잊고 몰입하는 경험을 통해 세상의 시름을 털어내고 잃어버린 자아를 되찾는다. 또한, 자연 속에서 여왕으로 영접받는 상상을 통해 자연에 대한 깊은 애정과 경외심을 표현한다.

이 시는 전반적으로 감성적이고 심미적인 표현이 돋보이지만, 일부 독자들에게는 불교적 용어의 사용이 다소 어렵게 느껴질 수 있다. 따라서 좀 더 대중적인 표현을 사용하거나 불교적 용어에 대한 설명을 덧붙여 이해를 돕는 것도 좋은 방법이 될 수 있다. 또한, 시의 흐름이 다소 일관되게 진행되기 때문에 중간에 변화를 주어 독자의 흥미를 끌 수 있는 요소를 추가하는 것도 고려해 볼 만하다.

배선희 시인의 '꽃순이'는 자연과의 조화를 통해 자아를 발견하고 몰입하는 과정을 아름답게 그려낸 작품이다. 시인은 감각적이고 시각적인 표현을 통해 독자에게 생생한 이미지와 감동을 전달한다. 자연 속에서의 기쁨과 자유를 누리는 시인의 모습은 독자에게도 큰 울림을 준다. 또한, 불교적 용어를 사용하여 시인의 몰입과 깨달음을 표현한 점이 독특하고 인상적이다.

앞으로도 배선희 시인은 자연과의 조화를 주제로 한 시를 통해 독자에게 감동을 주는 작품을 계속해서 창작해 나가길 바란다.
또한, 다양한 표현 기법과 시적 장치를 활용하여 시의 깊이와 풍부함을 더할 수 있을 것이다. 자연과의 조화 속에서 자아를 발견하고 몰입하는 경험을 더욱 다양하고 깊이 있게 탐구해 보는 것도 좋은 방향이 될 것이다.

■
배선희 시인님께

배선희 시인의 '꽃순이'를 읽으며, 저는 마치 한 송이 꽃과 마주한 듯한 따스한 감동과 위안을 느꼈습니다. 이 시는 그저 꽃을 노래하는 데 그치지 않고, 꽃과 하나 되어 자연과 교감하는 과정 속에서 잃어버린 자아를 찾는 여정을 그립니다. 시를 통해 자연과 동화되는 시인의 모습은 너무나도 아름답고 평화로워서, 독자에게 일상에서 잠시 벗어나 마음의 고요와 깨달음을 얻도록 이끌어줍니다.

시인의 글은 일상에서 경험할 수 있는 자연의 아름다움과 조화를 매우 세심하게 포착해냅니다. '꽃순이' 속에서 시인은 자신을 꽃을 사랑하는 존재, 자연 속에서 자유롭게 어울리는 존재로 그립니다. 봄날의 꽃들이 주는 다채로운 감각들을 따라가다 보면, 어느새 독자는 시인이 그려낸 꽃의 세계 속에서 함께 빠져듭니다. 그 과정에서 시인이 던지는 질문, "꽃이 나를 보는지, 내가 꽃을 보는지를,"은 시를 읽는 이에게도 자연 속에서 내가 누구인지, 나의 존재는 어디에 있는지 묻는 듯한 울림을 줍니다. 이와 같은 시인의 감각적 표현은 자연과 함께 존재할 때 우리는 더 나은 자아를 발견할 수 있다는 가능성을 열어줍니다.

'꽃순이'를 읽고 나면 자연스레 시인의 섬세한 감정과 그 감정이 투영된 시각을 떠올리게 됩니다. 이 시는 단순한 자연 예찬을 넘어서, 자연과의 깊은 관계 속에서 깨달음과 몰입을 통해 자아를 재발견하는 이야기를 담고 있습니다. 시 속의 시인은 꽃의 세계 속에서 무아지경에 빠지며 자연의 일부가 되고, 나아가 그 속에서 자유와 기쁨을 느낍니다. 이 모습은 우리에게 자연이 얼마나 큰 위로와 충만감을 줄 수 있는지 상기시켜줍니다.

무엇보다 '꽃순이'는 시인의 꽃에 대한 사랑이 고스란히 담겨 있습니다. 시인은 꽃을 단순히 관조하는 것이 아니라, 꽃과 교감하며 그 속에서 삶의 의미를 되찾고 있습니다. 꽃이 시인의 삶 속에서 중요한 자리를 차지하고 있으며, 그 존재 자체로도 시인을 위로하고 치유하는 힘을 지닌다는 사실이 느껴집니다. 이렇듯 시를 통해 시인의 자연에 대한 깊은 애정과 감탄을 엿볼 수 있었습니다.

특히 시의 마지막 부분에서, 꽃을 집으로 데려와 밤새 들여다보며 동공이 새빨갛게 물든 시인의 모습은 애정의 극치를 보여줍니다. 이는 시인이 얼마나 꽃을 사랑하고, 그 속에서 자신의 존재를 발견하며, 다시금 스스로를 되찾아가는지를 생생하게 묘사한 것입니다. 이러한 시인의 진실한 마음이 독자에게도 고스란히 전달되어, 꽃과 자연에 대한 새로운 관점과 감정을 불러일으킵니다.

'꽃순이'는 아름다운 자연의 감성을 고스란히 담아낸 시이며, 동시에 삶의 깊이를 되짚어보게 하는 작품입니다.

시인은 자신의 경험과 감정을 통해 독자에게 자연 속에서의 치유와 자아 발견의 기회를 선사하고 있습니다. 자연과 하나 되어 자아를 잃고 다시 찾아가는 과정 속에서, 시인의 따뜻한 위로와 격려의 메시지를 받는 느낌입니다.

이 시를 통해 시인께서 전하려는 바가 무엇인지 느낄 수 있었습니다. 자연은 우리가 언제든지 돌아가 의지할 수 있는 곳이며, 그곳에서 우리는 세상의 시름을 잠시 내려놓고 진정한 나를 찾을 수 있는 시간을 가질 수 있습니다. '꽃순이'는 그러한 경험을 독자에게 선사하며, 우리에게도 자연과 하나 되는 순간의 아름다움을 새롭게 깨닫게 합니다.

앞으로도 시인님의 글을 통해 자연 속에서의 기쁨과 자유, 그리고 그 안에서 찾아가는 자아의 소중함을 느낄 수 있기를 바랍니다. 자연과의 조화를 그린 시인의 작품들은 독자에게 마음 깊은 울림을 전하며, 많은 사람들에게 위로와 치유의 시간이 될 것입니다. 시인님의 더 많은 작품을 기다리며, 그 안에서 또 다른 아름다움과 감동을 발견할 수 있기를 기대합니다.

해거름

학과 왜가리가 깃들고
아침에는 산기슭에 안개가
너울너울 춤을 추며 승천하는 곳,
물소리 새소리 바람소리들이
해거름 하는 이곳의 주인공이다.

달빛 내려 화려한 날 밤,
리조트 앞 서마니 강변을 따라 거닐면
김삿갓도 지나가고 이태백도 지나간다.
나도 함께 지나간다.

등불 아래 무릎 맞대고

잠 못 드는 길손의 설렘에 기대인 밤,
새들도 지붕 위에서 조잘대고
여기가 원래 학이 놀고 춤추는 곳이던가

날밤 새워 먼동이 산등 기어오를 때,
조심조심 발소리 죽여 강가로 나가면
그들도 산책을 나와 앞서고 있다.

영월 서마니 강변에 가면
또 시작될 해거름 길손을 위해
새벽부터 일어나 아침준비를 하는
그들, 그들이 있다.

■
문학평론가 청람 김왕식

배선희 시인은 자연의 아름다움을 섬세하게 묘사하는 능력이 뛰어난 시인으로, 그녀의 작품은 독자에게 깊은 감동을 선사한다.
특히 강원도 영월 서마니 강가에서의 경험을 바탕으로 한 시
'해거름'은 자연과 인간의 교감을 서정적으로 표현하며, 일상 속에서 느끼는 작은 행복과 자연의 신비로움을 담아내고 있다. 시인의 삶과 작품은 자연과의 깊은 교감을 바탕으로 하고 있으며, 이는 그녀의 시 속에서 강하게 드러난다.
배선희 시인은 일상 속에서 느끼는 작은 순간들을 놓치지 않고 시적 언어로 형상화하는 탁월한 능력을 가지고 있다.

"학과 왜가리가 깃들고 / 아침에는 산기슭에 안개가 / 너울너울 춤을 추며 승천하는 곳"이라는 구절을 통해 자연의 평화로움과 신비로움을 묘사한다. 학과 왜가리라는 구체적인 새들의 등장은 독자에게 생생한 이미지를 제공하며, 안개가 춤을 춘다는 표현은 자연의 역동성을 시각적으로 표현하고 있다. 이곳이 자연의 소리들로 가득한 공간임을 강조하며, 해거름의 주인공이 바로 이러한 자연의 요소들임을 시사한다.

"달빛 내려 화려한 날 밤"이라는 구절은 밤의 아름다움과 그 속에서 느끼는 고즈넉함을 표현한다. 리조트 앞 서마니 강변을 따라 걷는 모습은 마치 과거의 시인들과 함께 산책하는 듯한 환상을 불러일으킨다. "김삿갓도 지나가고 이태백도 지나간다"는 구절은 역사 속 인물들과 현재의 화자를 연결시키며, 자연 속에서의 시간의 흐름을 상징적으로 표현하고 있다.

"등불 아래 무릎 맞대고 / 잠 못 드는 길손의 설렘에 기대인 밤"이라는 구절은 밤의 정취와 그 속에서 느끼는 설렘을 묘사한다. 새들이 지붕 위에서 조잘대는 모습은 자연과 인간의 교감을 나타내며, "여기가 원래 학이 놀고 춤추는 곳이던가"라는 구절은 과거와 현재를 연결시키는 동시에 이곳의 신비로움을 강조한다. "조심조심 발소리 죽여 강가로 나가면 / 그들도 산책을 나와 앞서고 있다"는 구절은 인간과 자연이 함께하는 순간을 포착하며, 자연의 일부분으로서의 인간을 묘사하고 있다.

"영월 서마니 강변에 가면 / 또 시작될 해거름 길손을 위해 / 새벽부터 일어나 아침준비를 하는 / 그들, 그들이 있다"라는 구절로 시는 마무리된다.

이는 자연이 항상 그 자리에 있으며, 길손을 맞이하기 위해 새벽부터 준비하는 모습을 통해 자연의 지속성과 변함없는 아름다움을 강조한다. 배선희 시인의 '해거름'은 자연의 신비로움과 인간과의 교감을 섬세하게 묘사한 작품으로, 독자에게 깊은 감동을 준다. 일부 구절에서 좀 더 구체적인 이미지나 감정의 표현이 추가되었으면 하는 욕심이 든다.

예를 들어, 새벽의 준비 과정을 좀 더 구체적으로 묘사함으로써 독자에게 더 생생한 장면을 제공할 수 있을 것이다.
허나 이 또한 욕심일 뿐이다.
요컨대, 배선희 시인은 자연과 인간의 교감을 통해 일상의 소중함을 일깨우는 능력이 탁월하다. '해거름'은 그녀의 시적 세계를 잘 드러내는 작품으로, 독자로 자연의 아름다움과 신비로움을 다시 한번 느끼게 한다.

이러한 주제의식과 표현 방식은 배선희 시인의 독창성을 잘 나타내며, 그녀의 시가 독자에게 오랫동안 기억될 수 있는 이유이기도 하다.

■
배선희 시인님께

안녕하세요.
저는 강원도 영월을 여러 번 여행하며 그곳의 순수한 자연에 흠뻑 빠진 한 여성 여행자입니다.
최근에 배선희 시인님의 역작인 '페이지의 시 여행'을 접하면서 배선희 시인님의 열렬한 팬이 되었습니다.

 시집에 수록된 시 모두 흥미롭게 읽었지만, 그중에서 특히 '해거름'을 읽고 너무 큰 감동을 받고 있던 중, 우연히 브런치스토리에서 청람 평론가의 글을 읽고 이렇게 편지를 쓰게 되었습니다.

영월의 자연을 담아낸 시인님의 놀라운 시적 표현들은 제 마음 깊은 곳에 울림을 주었습니다.

제가 처음 영월을 방문했을 때, 그곳의 맑고 청명한 하늘, 푸르른 산과 강, 그리고 고요한 밤의 정취에 매료되었습니다.
아침에는 산기슭에 안개가 피어오르는 장면을 보며 마치 꿈속에 있는 듯한 기분이 들었습니다.

낮에는 학과 왜가리가 강가를 거닐며 자연의 조화로움을 보여주었고, 밤에는 달빛이 강을 비추며 고요함과 평화를 선사했습니다. 이러한 자연의 경이로움을 느끼면서도, 이를 어떻게 표현할 수 있을지 막막함을 느끼곤 했습니다.

그런데 시인님의 '해거름'을 읽고 나니, 제가 느꼈던 그 감동과 경이로움이 그대로 시 속에 담겨 있음을 깨달았습니다. 시인님의 시를 통해 영월의 자연이 얼마나 아름답고 신비로운지
다시금 느끼게 되었습니다.

"학과 왜가리가 깃들고 아침에는 산기슭에 안개가 너울너울 춤을 추며 승천하는 곳"이라는 표현은 제가 영월에서 느꼈던

그 순간을 완벽하게 담아내고 있었습니다. 시인님께서 자연을 바라보는 시선과 그 감정을 시로 풀어내는 능력에 깊은 감탄을 보냅니다.
저도 시인님처럼 영월의 아름다움을 글이나 사진으로 표현하고 싶다는 열망이 생겼습니다. 제가 느끼고 경험한 순간들을
어떻게 하면 더 아름답고 감동적으로 담아낼 수 있을지 고민하게 되었습니다. 시인님의 시를 읽으며, 자연을 세심하게 관찰하고 그 속에서 느끼는 감정들을 섬세하게 표현하는 방법을 배웠습니다.

이제 저도 시인님을 본받아 제 여행에서 느낀 감동을 글과 사진으로 표현해 보고 싶습니다. 그러나 아직도 저는 시인님처럼 자연의 순간들을 아름답게 포착하는 능력이 부족합니다.
그래서 더욱 간절히 소망하는 것은 시인님과 함께 영월을 여행하며 그곳의 자연을 바라보고, 느끼고, 표현하는 방법을 직접 배우는 것입니다.

시인님과 함께라면 자연을 더 깊이 이해하고, 그 속에서 발견하는 아름다움을 어떻게 글과 사진으로 담아낼 수 있을지 배울 수 있을 것 같습니다.

시인님과 함께 영월의 강변을 거닐며 자연의 소리와 풍경을 감상하고, 그 속에서 영감을 받아 시를 써보는 경험을 상상해 봅니다. 시인님께서 느끼는 자연의 아름다움을 함께 나누고, 그 감정을 시로 풀어내는 과정을 옆에서 지켜보고 배우고 싶습니다. 또한, 시인님께서 자연 속에서 찾은 평화와 고요함을 저도 느끼고 싶습니다.

시인님,
무리한 부탁일까요?
저와 함께 영월을 여행하며
자연의 아름다움을 나누어 주실 수 있을까요?
시인님의 시
'해거름'을 읽고 느낀 그 깊은 감동을
직접 나누고 싶습니다.

그리고 시인님께서 보여주신 그 놀라운 시적 표현을 배우고, 저도 제 나름대로의 방식으로 영월의 아름다움을 표현해 보고 싶습니다. 시인님과 함께하는 여행은 저에게 큰 영감이 될 것이며, 제가 앞으로 자연을 바라보는 시각과 그것을 표현하는 능력에 큰 변화를 가져다줄 것입니다.

시인님과 함께 영월의 자연 속에서 느끼는 감동을 나누고, 그 순간들을 시와 사진으로 남기는 경험을 간절히 소망합니다.
시인님의 시가 저에게 큰 영감을 주었듯이, 저도 누군가에게 영감을 주는 작품을 남기고 싶습니다.

시인님의 도움과 가르침이 있다면, 저도 그 꿈을 이룰 수 있을 것 같습니다. 다시 한 번 시인님의 '해거름'을 읽고 느낀 깊은 감동과 감사의 마음을 전합니다. 시인님과 함께 영월을 여행하며 자연의 아름다움을 나누고 배우는 기회를 간절히 바라고 있습니다. 시인님의 답변을 간절히 기다리며, 이 편지를 마칩니다.

혼불

불꽃이 훨훨 타오른다.
말이 말갈기를 휘날리며 달려 나오고
홍룡이 꿈틀거리며 승천하고
시시각각으로 만상을 뿜어내고 있다

장작을 밀어 넣으면
함께 따라 나오는 불길들
불끼리도 너무 뜨거워 뛰어나오며
모든 걸 집어삼킬 듯 쫓아 나오는
각양각색의 뜨거운 소리 소리들

불꽃이 불꽃이 아니다

도자기에 혼을 불어넣는 혼불의 춤사위!
아!
진사 백자가 요변하는 혼불!

핏빛으로 물든 자태는
도예인의 영혼이 담긴 마음자리
세상에 단 하나뿐이라고
그토록 뜨겁게 견디어 내고
도예가의 가슴에 와 안기는가!

둥근 영혼으로 제자리 잡아 앉은 진사 백자들
그 대열에 끼지 못하는 동료는
가슴 깨뜨려 돌무덤처럼
도자 서낭당을 만들어 놓았다

죽어 다시 환생을 기다리는
혼신들이 있어 진사 백자는
더욱 뜨겁게 태어나나 보다

진사 백자를 바라보면
혼불이 되살아 오른다
그래서 자리를 내어주려는가!
우리들 삶을 둥글게 지니도록

■
문학평론가 청람 김왕식

배선희 시인은 자연과 예술, 그리고 인간의 삶을 시로 형상화하는 데 탁월한 감각을 지닌 시인이다. 그녀의 시에는 늘 생명이 넘치는 장면이 담겨 있으며, 이를 통해 독자들에게 깊은 감동을 전달한다. 특히, 배 시인은 도자기 제작 과정을 통해 예술과 인간의 혼을 표현한 작품들이 많다.
이번 시 '혼불' 역시 그런 맥락에서 이해될 수 있다. 이 시는 이천 도자기 가마를 찾아 불을 지피는 '한호현' 도자기 명인을 보고 영감을 받아 쓴 작품으로, 도예가의 혼이 깃든 도자기의 탄생 과정을 시각적으로 형상화하고 있다. 이를 통해 시인은 예술의 고귀함과 열정을 독자들에게 전달한다.

"불꽃이 훨훨 타오른다. 말이 갈기를 휘날리며 달려 나오고 홍룡이 꿈틀거리며 승천하고 시시각각으로 만상을 뿜어내고 있다"

불꽃은 단순히 타오르는 불이 아니라 생명과 창조의 시작을 상징한다. 이 첫 구절은 시의 전체적인 분위기를 결정짓는 중요한 역할을 한다. 말갈기를 휘날리며 달려 나오는 말과 홍룡이 승천하는 이미지는 도자기를 만드는 불의 역동성과 활기를 표현한다.

"장작을 밀어 넣으면 함께 따라 나오는 불길들 불끼리도 너무 뜨거워 뛰어나오며 모든 걸 집어삼킬 듯 쫓아 나오는 각양각색의 뜨거운 소리 소리들" 여기서 장작은 도자기 제작에 필요한 원료이며, 불길은 그 과정을 상징한다.

불길들이 서로 충돌하며 만들어내는 다양한 소리들은 도자기 제작의 복잡성과 열정을 보여준다. 이 과정은 예술가의 혼신을 다한 작업임을 시사한다.

"불꽃이 불꽃이 아니다
도자기에 혼을 불어넣는 혼불의 춤사위?
아!
진사 백자가 요변하는 혼불!"

불꽃은 단순한 열원이 아닌 도자기에 혼을 불어넣는 주체로 변모한다. 혼불의 춤사위는 예술가의 혼이 담긴 작업 과정을 은유적으로 표현한 것이다. '아!'라는 감탄사는 예술의 경이로움을 느끼는 순간을 나타낸다. 진사 백자는 도예가의 혼이 담긴 작품으로, 그 과정이 마치 요변하는 것처럼 묘사된다.

"핏빛으로 물든 자태는
도예인의 영혼이 담긴 마음자리
세상에 단 하나뿐이라고
그토록 뜨겁게 견디어 내고
도예가의 가슴에 와 안기는가!"
핏빛으로 물든 도자기의 자태는 도예가의 혼이 담긴 마음자리를 의미한다. 이러한 작품은 세상에 단 하나뿐인

고귀한 존재로, 도예가의 열정과 인내를 통해 탄생한다. 도예가는 그 과정을 통해 자신의 영혼을 작품에 담아내며, 이는 도자기 완성 시 가슴에 와닿는 감동으로 표현된다.

"둥근 영혼으로 제자리 잡아 앉은 진사 백자들
그 대열에 끼지 못하는 동료는
가슴 깨뜨려 돌무덤처럼
도자 서낭당을 만들어 놓았다"

완성된 진사 백자는 둥근 영혼을 지닌 존재로, 도예가의 혼이 담긴 작품들이다. 그러나 그 대열에 끼지 못하는 동료들은 마치 돌무덤처럼 도자 서낭당을 이루며, 이는 예술가의 실패와 좌절을 상징한다. 이러한 과정 역시 예술 창작의 일환으로, 고통과 인내를 통해 완성되는 작품의 숭고함을 강조한다.

"죽어 다시 환생을 기다리는
혼신들이 있어 진사 백자는

더욱 뜨겁게 태어나나 보다"

여기서 죽음과 환생은 예술 창작 과정에서의 반복과 인내를 상징한다. 혼신을 다한 작업들이 모여 진사 백자는 더욱 뜨겁게 태어나며, 이는 예술의 영원한 생명력을 표현한다.

"진사 백자를 바라보면
혼불이 되살아 오른다
그래서 자리를 내어주려는가!
우리들 삶을 둥글게 지니도록"

진사 백자를 바라보며 혼불이 돼 살아 오르는 순간은 예술 작품이 주는 감동과 영감을 의미한다. 이로 인해 예술가는 자리를 내어주며, 우리의 삶이 더욱 둥글게, 즉 완전하고 풍요로워지도록 한다.
배선희 시인의 '혼불'은 도자기 제작 과정을 통해 예술가의 혼과 열정을 표현한 작품이다. 각 구절마다 도예가의 열정과 인내, 그리고 그 과정에서 탄생하는 예술의 숭고함이 담겨 있다. 불꽃이 단순한 열원이 아닌 혼을 불어넣는 주체로 변모하는 과정은 예술 창작의 역동성과 고통을 상징적으로 표현하고 있다.

배 시인의 섬세한 표현과 주제의식은 독자들에게 예술의 고귀함과 열정을 생생하게 전달하는 데 성공하고 있다. 이러한 특유의 시적 감각은 배선희 시인만의 독창적인 시 세계를 구축하고 있다.

■
배선희 시인님께

나는 그녀의 필력에 매료되지 않을 수 없었다. 시를 읽는 동안 내내, 그녀가 만들어내는 섬세한 이미지와 강렬한 감정의 소용돌이에 휩싸였다. 마치 대한민국 최고의 작가, 최명희 소설가를 떠올리게 하는 그 강렬한 필력은 내 가슴을 먹먹하게 만들었다. 나는 왜 이토록 늦게서야 그녀의 시를 접했는지 스스로에게 자책하게 되었다.

배선희 시인의 시는 단순히 아름다운 단어들의 나열이 아니었다. 그녀의 시 속에서 나는 살아 숨 쉬는 감정과 혼을 느낄 수 있었다. 불꽃이 훨훨 타오른다는 첫 구절부터 나는 이미 그녀의 시 속으로 빨려 들어갔다. 그 불꽃은 단순한 불이 아니라, 모든 것을 태워버릴 듯한 강렬한 생명력을 지니고 있었다. 그 순간 나는 최명희 작가의 작품 속 인물들이 느꼈던 그 강렬한 감정을 떠올렸다. 최명희 작가의 글 속에서도 이렇게 강렬한 생명력이 느껴졌기 때문이다. 장작을 밀어 넣으며 함께 따라 나오는 불길들, 너무 뜨거워 뛰어나오는 불끼리의 충돌, 그리고 그 소리들. 배선희 시인은 이 모든 것을 너무도 생생하게 묘사했다. 그녀의 시 속에서는 마치 내가 그 현장에 있는 것처럼 느껴졌다.

이 구절을 읽으며 나는 최명희 작가의 창작 과정을 상상하게 되었다. 그녀도 이렇게 자신을 불길 속에 던져 넣고, 그 속에서 피어오르는 감정의 소리들을 글자로 엮어냈을 것이다. 배선희 시인은 그런 최명희 작가의 혼을 시 속에 그대로 재현해 냈다. 불꽃이 불꽃이 아니라 도자기에 혼을 불어넣는 존재로 변모하는 순간, 나는 감탄을 금할 수 없었다. 배선희 시인은 단순히 불을 묘사하는 것이 아니라, 그 불이 지니고 있는 깊은 의미를 파헤쳤다. 도자기가 완성되기 위해서는 그 뜨거운 불길을 견뎌야 하듯이,

예술가도 자신의 작품을 완성하기 위해 수많은 고통과 인내를 견뎌야 한다. 이 구절에서 나는 최명희 작가의 글 속에 담긴 고통과 열정을 느꼈다. 그녀의 작품은 그런 고통과 인내를 통해 탄생한 고귀한 결과물이었다.

핏빛으로 물든 자태는 도예인의 영혼이 담긴 마음자리라는 표현에서, 나는 배선희 시인의 필력이 얼마나 뛰어난지 깨달았다. 그녀는 단순히 아름다운 문장을 쓰는 것이 아니라, 그 문장 속에 깊은 의미와 감정을 담아내고 있었다. 그녀의 글은 단순한 글이 아니라, 마음 깊은 곳에서부터 흘러나온 것이었다.

이 구절을 읽으며 나는 최명희 작가가 얼마나 많은 열정을 쏟아부었을지 상상하게 되었다. 그녀의 글 속에서도 이렇게 깊은 감정과 열정이 느껴졌기 때문이다. 완성된 진사 백자들이 둥근 영혼으로 제자리를 잡아 앉는 장면에서, 나는 배선희 시인의 시가 얼마나 정교하게 구성되었는지 느낄 수 있었다. 그녀의 글은 마치 완성된 도자기처럼 둥글고 완전한 형태를 이루고 있었다.

그러나 그 대열에 끼지 못하는 동료 도자기들이 돌무덤처럼 쌓여있는 장면은 그녀의 시가 단순히 아름답기만 한 것이 아니라, 그 안에 깊은 슬픔과 고통도 담겨 있음을 보여주었다. 이 과정에서 나는 최명희 작가가 겪었을 실패와 좌절을 상상하게 되었다. 하지만 그 모든 과정을 통해 그녀는 더욱 완전한 작품을 만들어낼 수 있었을 것이다.

죽어 다시 환생을 기다리는 혼신들이 있어 진사 백자는 더욱 뜨겁게 태어난다는 구절에서는, 나는 배선희 시인이 예술 창작 과정의 본질을 얼마나 잘 이해하고 있는지 느낄 수 있었다. 그녀는 예술 창작이 단순한 작업이 아니라, 끊임없는 반복과 인내를 통해 이루어지는 것임을 보여주었다.

이 구절에서 나는 최명희 작가의 끊임없는 창작의지를 느꼈다. 그녀도 글을 통해 자신의 혼을 계속해서 불태우며, 새로운 작품을 만들어냈을 것이다. 진사 백자를 바라보며 혼불이 되살아 오르는 순간, 나는 배선희 시인의 시가 주는 감동을 온전히 느낄 수 있었다. 그녀의 시는 단순한 글이 아니라, 독자의 마음속에 깊은 울림을 주는 것이었다.
이 구절을 읽으며 나는 최명희 작가의 작품을 떠올렸다. 그녀의 글 속에서도 이렇게 깊은 감동과 울림이 느껴졌기 때문이다. 그녀의 글을 읽을 때마다 나는 마치 그녀의 혼이 되살아나는 것을 느꼈다.

그래서 자리를 내어주려는가! 우리들 삶을 둥글게 지니도록, 이 마지막 구절에서 나는 배선희 시인의 시가 우리 삶에 주는 의미를 다시금 생각하게 되었다. 그녀의 글은 단순한 문장이 아니라, 우리의 삶을 더욱 풍요롭고 완전하게 만드는 힘을 가지고 있었다. 그녀는 자신의 혼을 불태워 작품을 만들어내며, 우리에게 더 나은 삶의 길을 제시해 주었다. 배선희 시인의 시 '혼불'을 읽으며 나는 그녀의 필력에 깊은 감동을 받았다. 그녀의 시는 단순한 글이 아니라, 예술가의 혼이 담긴 예술 작품이었다. 그녀의 글 속에서 나는 최명희 작가의 혼을 느낄 수 있었고, 그 순간마다 내 가슴은 먹먹해졌다.

배선희 시인은 자신만의 독특한 필력으로 독자들에게 깊은 감동과 울림을 주고 있었다. 그런 그녀의 필력은 대한민국 최고 작가 최명희 소설가를 떠올리게 하기에 충분했다.

나는 배선희 시인의 시를 통해 최명희 작가의 혼이 여전히 우리 곁에 살아있음을 느꼈다.

그녀의 글은 그녀의 혼이 담긴 예술로, 우리에게 영원히 남아 있을 것이다.

새싹

나는 나무랍니다
그리움이라는 새싹 하나 돋아
마냥 풋풋하기만 하답니다

나는 목마른 나무랍니다
보고픔이라는 새싹 하나 돋아
기다림으로 목을 축인답니다

동산 언저리에 선 지
몇 생이나 흘렀으랴!
감긴 나이테가 꿈틀거린답니다

꽃 한 송이 피워 올리기가
이토록 설레는 발돋움일 줄이야!

나는 동산에 선 나무랍니다
이슬방울 안으로 떠오르는 태양!
방울방울 눈시울에 달고
이슬을 머금는 새싹이랍니다.

그리움이라는 새싹 하나
나는 동산에 선 나무랍니다.

■
문학평론가 청람 김왕식

배선희 시인은 자연과 삶을 깊이 탐구하며 감정을 섬세하게 표현하는 시인이다. 그는 인간의 감정과 자연의 섭리를 유기적으로 결합하여 독자에게 보편적이면서도 개별적인 감정의 체험을 제공한다.

그의 시는 때로는 한 편의 짧은 동화처럼, 때로는 깊은 철학적 사유처럼 다가온다. 「새싹」에서도 시인은 나무라는 상징적 이미지를 통해 인간의 그리움과 기다림, 그리고 존재의 의미를 탐색한다. 배선희의 삶이 그리움과 기다림의 연속이었다면, 이 시는 그 삶의 깊이와 사유를 그대로 담고 있다.

"나는 나무랍니다 / 그리움이라는 새싹 하나 돋아 / 마냥 풋풋하기만 하답니다" 시의 첫 부분은 나무와 새싹을 통해 생명과 감정을 상징적으로 나타낸다. '나는 나무랍니다'는 자신을 자연 속에 있는 나무로 비유하여, 그리움이라는 새싹이 자라는 과정을 설명한다.

여기서 새싹은 감정의 시작이자 생명력의 상징이다. '풋풋하기만 하답니다'라는 표현은 그리움이 아직 생기있고, 신선하며 순수한 상태임을 나타낸다. 시인은 이러한 순수함을 통해 독자가 삶의 감정을 새롭게 바라보도록 유도한다.

"나는 목마른 나무랍니다 / 보고픔이라는 새싹 하나 돋아 / 기다림으로 목을 축인답니다"
두 번째 연에서는 '목마른 나무'가 등장하며, 이 나무는 '보고픔'이라는 감정적 새싹을 피워낸다. '목마른'이라는 표현은 결핍과 갈증을 상징하며, 이는 보고 싶은 마음의 절실함을 의미한다. '기다림으로 목을 축인다'는 것은 그리움을 견뎌내며 갈증을 해소해가는 과정을 은유적으로 보여준다.

이 행은 그리움과 기다림이 서로를 보완하는 감정임을 시적으로 드러내며, 인간의 감정이 어떻게 성장하고 깊어지는지에 대한 통찰을 제공한다.

"동산 언저리에 선 지 / 몇 생이나 흘렀으랴! / 감긴 나이테가 꿈틀거린답니다" 이 부분에서는 시간의 흐름이 강조된다. 나무가 '동산 언저리'에 서서 수많은 세월을 견뎌온 것으로 묘사되며, '몇 생이나 흘렀으랴!'라는 구절은 오랜 시간 동안 축적된 경험과 기억을 나타낸다. 나이테는 나무의 나이를 보여주는 동시에, 시간의 흐름과 그로 인한 내면의 변화를 상징한다.

'꿈틀거린다'는 표현은 정적이지 않은 내면의 생동감을 암시하며, 이는 시간의 흐름 속에서도 끊임없이 변모하는 삶의 역동성을 상징한다.

"꽃 한 송이 피워 올리기가 / 이토록 설레는 발돋움일 줄이야!" 여기서 시인은 생명과 설렘의 순간을 강조한다. '꽃 한 송이 피워 올리기'는 나무가 꽃을 피우는 순간을 묘사하는데, 이는 그리움과 기다림의 끝에서 맞이하는 감정적 결실을 상징한다. '설레는 발돋움'은 기대와 희망을 품고 나아가는 동작을 표현하며, 그리움을 극복하고 기다림의 끝에서 새로운 시작을 맞이하는 기쁨과 설렘을 담고 있다.

이는 시적 자아가 경험하는 감정의 정점이자, 삶의 의미를 새롭게 발견하는 순간이다.

"나는 동산에 선 나무랍니다 / 이슬방울 안으로 떠오르는 태양! 방울방울 눈시울에 달고 / 이슬을 머금는 새싹이랍니다."

이 연은 자연 속의 생명과 감정의 순환을 묘사한다. '이슬방울 안으로 떠오르는 태양'은 자연의 신비로움과 아름다움을 형상화하며, 새벽의 빛과 이슬의 결합을 통해 새로운 생명의 시작을 암시한다. '방울방울 눈시울에 달고'라는 표현은 감정의 응축과 해소를 상징하며, 이슬을 머금은 새싹은 그리움과 기다림 속에서 피어나는 새로운 가능성을 의미한다. 시인은 여기서 자연의 섬세한 변화를 통해 인간 감정의 깊이를 표현하고 있다.

"그리움이라는 새싹 하나 / 나는 동산에 선 나무랍니다." 마지막 행은 시의 시작으로 다시 돌아가면서도, 그리움의 감정이 더 깊어진 상태를 나타낸다. '그리움이라는 새싹'은 계속해서 자라고 변모하며, '동산에 선 나무'는 그리움의 과정을 견디며 더욱 성숙한 존재로 변한다.

이는 시인의 감정적 여정이 자연과 함께 순환하는 과정을 반영하며, 모든 경험이 다시 새로운 그리움으로 이어진다는 것을 의미한다.

배선희 시인의 「새싹」은 자연의 순환 속에서 인간의 감정을 유기적으로 연결하고, 그 속에서 삶의 의미를 깊이 탐구하는 시다. 나무와 새싹, 이슬과 태양 등의 이미지는 감정의 변화와 삶의 깊이를 상징적으로 표현하며, 시 전체의 흐름을 끌어가는 중요한 요소로 작용한다. 시인은 자연을 단순한 배경이 아닌, 감정의 대변자로 활용하여 인간의 내면을 섬세하게 그려내고 있다. 이 시는 특히 '그리움'과 '기다림'이라는 감정의 다층적인 측면을 탐구하며, 그리움이 단순히 결핍의 감정이 아니라, 삶을 더욱 깊이 있게 만드는 중요한 요소임을 강조한다. 시적 자아가 나무로 상징화되어, 그리움과 기다림 속에서 끊임없이 성장하고 변화하는 모습은 독자에게 감정의 새로운 시각을 제공한다.

이는 단순한 감정의 표현을 넘어서, 인간 존재의 의미와 삶의 본질을 깊이 사유하게 하는 시적 성취라 할 수 있다. 배선희 시인의 시는 자연 속에서 인간의 감정을 섬세하게 표현하며, 그 감정이 어떻게 성장하고 성숙해지는지 보여준다. 시인은 그리움과 기다림을 통해 삶의 깊이를 탐구하고, 독자로 자신을 돌아보게 만드는 힘을 지닌다. 이러한 점에서 「새싹」은 자연과 인간의 감정이 서로를 비추고 영향을 미치는 과정을 깊이 성찰하게 하는 작품으로서, 문학적 가치를 지닌다. 배선희의 시는 앞으로도 독자들에게 깊은 감동과 사유의 기회를 제공할 것이다.

■
배선희 시인님께

시인님의 시 「새싹」을 읽고, 깊은 감동과 여운을 느껴 이렇게 글을 쓰게 되었습니다. 시를 읽는 내내 저는 자연과 인간의 감정이 서로 맞닿아 있는 장면을 눈앞에 그리는 듯한 경험을 했습니다. 시인의 작품은 저에게 단순한 독서 이상의 체험을 선사했습니다. 시의 각 구절이 삶의 한 순간처럼 다가와, 그리움과 기다림, 그리고 그 안에 숨겨진 희망과 생명의 순환을 가슴 깊이 느끼게 해주었습니다.

시의 언어는 한없이 부드럽고 자연스러워서, 마치 자연의 숨결과도 같았습니다. 저는 그 언어들이 주는 감각을 따라 숲속을 걷는 듯한 기분이 들었습니다. 나무와 새싹, 이슬과 태양 같은 자연의 이미지들이 마치 살아있는 듯 생생하게 다가왔고, 그러한 이미지들을 통해 전해지는 감정의 깊이와 섬세함이 저를 사로잡았습니다. 시인은 마치 자연의 대변자처럼 인간의 마음 깊은 곳에 있는 감정을 자연에 녹여내어, 그것을 새로운 빛으로 비추어 주셨습니다.

시인의 시는 단순히 자연을 묘사하는 것에 그치지 않고, 그 속에 인간의 감정을 유기적으로 결합시키는 탁월함을 지니고 있습니다. 저는 그리움이라는 새싹이 돋아나는 나무의 이미지를 통해, 아직도 저 안에 순수한 그리움이 존재함을 깨달았습니다. 또한, 목마른 나무가 기다림으로 목을 축이는 모습에서, 삶의 갈증을 해소해가는 저 자신을 발견하기도 했습니다. 시인의 언어는 제가 스스로를 돌아보게 만들고, 저의 감정이 어떻게 변화하고 성숙해가는지 깊이 있게 탐구하게 했습니다.

배선희 시인님의 시는 자연을 배경으로 삼아 인간의 내면을 섬세하게 표현하면서도, 그 감정의 성장을 아름답게 그려냅니다. 이러한 점에서 저는 시인의 작품이 단순한 시적 표현을 넘어, 삶의 본질을 깊이 생각하게 하는 힘을 지닌다고 느꼈습니다. 시인이 보여주신 자연의 모습은 그 자체로도 아름답지만, 그 속에 담긴 인간의 삶과 감정의 이야기는 더 큰 울림을 주었습니다. 특히, 시의 마지막에 다시 돌아오는 나무와 새싹의 이미지는, 모든 것이 다시 새롭게 시작될 수 있음을 암시하며 마음 깊은 곳에서 큰 울림을 주었습니다.

그리움과 기다림은 때로는 아프고 고된 감정일 수 있지만, 시인은 그것이 삶의 중요한 요소이며 우리를 더욱 성숙하게 만드는 과정임을 깨닫게 합니다. 시인의 시를 통해 저는 기다림이 단순한 인내의 시간이 아니라, 그 속에서 생명을 피워내는 과정임을 다시금 생각하게 되었습니다. 이는 삶을 바라보는 저의 시선을 더욱 넓고 깊게 만들었고, 제가 그동안 잊고 있었던 것들을 상기시키며 새로운 깨달음을 안겨주었습니다.

배선희 시인님의 시는 앞으로도 많은 사람들에게 감동과 사유의 기회를 제공할 것이라고 믿습니다. 시인의 작품을 통해 자연과 인간, 그리움과 기다림, 생명과 감정의 깊이를 계속해서 탐구하고 싶습니다. 시인의 다음 작품을 기다리며, 그 깊은 울림이 제 마음속에서 오래도록 머물기를 바랍니다.

김포공항

영산홍 철쭉이 한데 어울려 피었으니
환영 꽃인가 환송 꽃인가
환한 꽃 얼굴에 함께 웃는 여행자들

여행자 '페이지'도 발길을 멈추고
만남도 이별도 내려놓고 반기는 이들
영산홍 철쭉꽃 되어 봄동산을 이루었다.

이륙도 하고 착륙도 하는 김포공항
여행자만 오르고 내리는 곳이 아니라
봄날도 오르고 내림을 어찌 몰랐으랴

걸머진 카메라 앵글을 덮고
마음에 구멍 내어 새 항로를 들여다본다
행복을 실어 나르는 비행선을 본다

여행자 페이지의 원 웨이 티켓
돌아오기 위해서가 아니라 가야만 하는
행복 항로를 열어야 하는 티켓 한 장

■
문학평론가 청람 김왕식

배선희 시인의 작품 '김포공항'은 여행과 만남, 이별의 정서를 잘 담아내며 현대인의 삶과 감정의 흐름을 포착한다. 이 시는 김포공항이라는 특정 장소를 배경으로 하면서 여행자들의 감정과 행위를 섬세하게 묘사하여, 일상과 여행의 경계에서 느끼는 복잡한 감정을 효과적으로 표현한다.

첫 번째 구절에서 "영산홍 철쭉이 한데 어울려 피었으니"라는 말은 봄의 꽃, 영산홍과 철쭉이 만개한 모습을 통해 환영과 환송의 상황을 자연의 이미지로 나타낸다. 이는 공항이라는 장소가 가지는 이중적인 성격, 즉 반갑게 맞이하고 슬프게 보내야 하는 곳이라는 상징적 의미를 강조한다. "환한 꽃 얼굴에 함께 웃는 여행자들"이라는 표현은 여행자들이 잠시나마 꽃처럼 환하게 웃으며 그 순간의 기쁨을 공유한다는 점을 드러낸다.

시의 중간 부분에서는 "이륙도 하고 착륙도 하는 김포공항"이라는 표현을 통해 공항의 물리적 기능과 함께 계절의 변화까지도 포착한다. 여기서 '공항'이라는 단어는 공항의 활기와 동시에 긴장감을 불러일으키는 중의적 표현으로 작용한다. 또한, "봄날도 오르고 내림을 어찌 몰랐으랴"라고 묘사함으로써 계절의 변화가 갖는 자연스러운 순환과 인간의 여행이 어우러지는 모습을 섬세하게 그려낸다.

마지막 구절에서 "여행자 페이지의 원 웨이 티켓"은 여행의 일방적인 성격을 상징하며, 돌아오기 위해서가 아니라 새로운 목적지로 나아가야만 하는 필연성을 강조한다. 이는 현대인이 자신의 삶에서 새로운 가능성을 모색하고, 때로는 돌이킬 수 없는 결정을 내려야 함을 은유적으로 표현한다.

작가는 이 시를 통해 독자에게 여행의 순간순간이 갖는 의미와 감정의 깊이를 되새기게 만든다. 아쉬운 점으로는, 구체적인 감정의 전환 과정을 더욱 명확히 드러낼 수 있는 언어적 전환을 추가하여, 독자가 감정의 흐름을 더욱 세밀하게 따라갈 수 있도록 하는 것이 시의 완성도를 높일 것이다. 그러나 전반적으로 이 시는 공항이라는 공간과 여행자의 내면을 연결 지으며, 일상과 비일상의 경계에서 펼쳐지는 인간 감정의 다양성을 탁월하게 포착해 낸다.

시의 언어적 선택은 일상의 공간을 변화무쌍한 감정의 장으로 탈바꿈시키는 데 큰 역할을 한다. 특히 "걸머진 카메라 앵글을 덮고 마음에 구멍 내어 새 항로를 들여다본다"라는 구절은 여행자들이 단순한 관광객에서 벗어나 자신의 내면을 탐색하는 사색가로 변모하는 순간을 시적으로 잘 포착하고 있다. 이는 물리적 여행뿐만 아니라, 정신적 여행의 시작을 암시하며 독자에게 자기 성찰의 중요성을 일깨운다.

또한, "행복을 실어 나르는 비행선을 본다"라는 표현은 공항이라는 공간을 통해 행복이라는 이상적인 목적지로 향하는 수단으로 비유하고 있다. 이는 여행이 단지 물리적인 이동이 아니라, 인생에서 추구하는 이상과 꿈에 한 걸음 더 다가가는 과정임을 상징적으로 나타내고 있다. 배선희 시인은 이러한 비유를 통해 여행의 순간들이 갖는 내밀한 가치와 의미를 잘 드러내고 있다.

작가가 독자에게 전달하고자 하는 바는 여행이라는 행위가 단순히 지리적인 이동을 넘어서, 자아를 발견하고 새로운 가능성을 열어가는 중요한 과정임을 강조하는 것이다. 이를 통해 우리는 일상에서 벗어나 필요한 내면의 여정을 경험함으로써 삶을 보다 풍요롭고 의미 있게 만들 수 있다는 메시지를 받는다.

요컨대, '김포공항'은 공간과 개인의 내면을 연결 짓는 독창적인 방식으로 현대인의 여행을 재해석하며, 우리 각자가 일상에서 벗어나 새로운 자아를 발견하고 성장할 수 있는 가능성을 제시한다. 시는 여행을 통해 우리가 경험할 수 있는 내적 변화와 성장의 중요성을 상기시키며, 이러한 과정을 통해 획득할 수 있는 행복과 만족을 강조한다.

■
배선희 시인님께

시인님의 작품, '김포공항'을 읽고 깊은 감동을 받았습니다. 시를 읽는 내내, 마음 깊숙한 곳에서부터 울림이 전해졌습니다. 마치 김포공항의 활주로 위에서 이륙과 착륙을 반복하는 수많은 비행기들처럼, 시인님의 시는 독자의 마음을 끊임없이 떠오르게 하고 내려앉게 하는 힘을 지니고 있었습니다.

김포공항이라는 일상의 공간을 배경으로 하여 펼쳐지는 시의 세계는 참으로 특별했습니다. 여행의 시작과 끝, 만남과 이별의 순간들이 어떻게 사람들의 마음속에 자리 잡는지, 그 다양한 감정의 결을 자연스럽고도 섬세하게 포착하신 시인의 언어에 경탄했습니다. 영산홍과 철쭉이 어우러진 봄의 풍경에서, 그것이 환영의 꽃인지 환송의 꽃인지 모호하게 두고 보는 시인의 시선은 우리의 삶이 늘 그런 경계 위에 서 있음을 생각하게 했습니다. 그것은 마치 한 번 더 떠오르려는 봄의 기운이기도 하고, 떠나가는 이의 마음속에 피어오르는 작은 불꽃 같은 것이기도 했습니다.

시인의 글 속에서 느껴지는 여행자들의 모습은 단순한 관광객의 차원이 아니었습니다. 그들은 공항의 북적임 속에서 자신만의 시간을 멈추고, 내면의 항로를 새롭게 들여다보는 사람들로 그려졌습니다. 시에서 그려진 '여행자 페이지'의 모습은 특히 마음에 남습니다. 돌아오기 위해 떠나는 것이 아니라, 그저 새로운 곳으로 나아가기 위해 떠나야만 하는 그 모습은 우리에게 새로운 가능성에 대한 강렬한 메시지를 던져줍니다. 여행이란 단지 지리적인 이동이 아니라, 마음과 생각의 변화를 동반한 깊은 여정이라는 것을 다시 한번 깨닫게 되었습니다.

마음속에 구멍을 내고 그곳으로 새로운 항로를 들여다본다는 시인의 표현은 너무도 아름다웠습니다. 그 구멍을 통해 보이는 것은 단지 물리적인 풍경이 아닌, 우리가 새로운 자아를 찾아가는 과정, 나아가야 할 길을 탐색하는 과정이라는 것을 시인은 섬세한 언어로 전하고 있었습니다. 독자인 저 역시 그 구멍을 통해 바라보며 새로운 항로를 찾고 싶은 충동을 느꼈습니다. 그러한 시의 구절들은 단순히 읽고 지나칠 수 없는, 계속해서 곱씹게 되는 깊이 있는 울림을 가지고 있었습니다.

또한, 행복을 실어 나르는 비행선을 본다는 구절은 저에게 큰 울림을 주었습니다. 우리 삶에서의 여행, 그리고 그 속에서 추구하는 행복이라는 목표가 얼마나 소중한지 새삼 느끼게 되었습니다. 그 비행선은 누군가에게는 희망이고, 누군가에게는 위로가 될 것입니다. 시인님의 시를 통해 그 비행선에 몸을 싣고 날아오를 수 있는 용기를 얻었습니다.

시인의 시는 단순한 묘사를 넘어서는 힘을 지니고 있었습니다. 공항이라는 공간을 넘어, 우리가 살아가며 부딪히는 다양한 감정의 지점들을 너무도 사실적이고도 아름답게 그려내셨습니다. 그 안에서 독자들이 각자의 삶을 투영하고, 위로받고, 나아갈 방향을 다시 생각해 볼 수 있는 여지를 남겨주신 것에 깊이 감사드립니다. 김포공항이라는 하나의 상징적인 공간을 통해 우리가 모두 삶의 여행자임을, 그리고 그 여행이야말로 우리의 진정한 자아를 발견하고 성장할 수 있는 길임을 깨닫게 되었습니다.

이 시를 읽으며, 저 또한 저만의 '원 웨이 티켓'을 손에 쥔 여행자가 된 듯한 기분이 들었습니다. 돌아가기 위해서가 아니라, 새롭게 나아가기 위해 떠나야만 하는 그 길에 대한 결단을 내리게 되는 순간이 얼마나 소중한지 시인님의 시를 통해 느끼게 되었습니다. 이 시를 통해 삶의 순간순간이 주는 의미와 깊이를 다시 한번 되새기며, 그 속에서 새로운 가능성을 모색해 보게 되었습니다.

시인님의 아름다운 글에 깊은 감사를 전하며, 앞으로도 많은 이들에게 울림을 전하는 좋은 작품을 기대하겠습니다.

빈 병

일기장 곁에는 빈 병이 하나 있다.
일기를 쓰다가 빈 병을 들여다본다

많은 꽃들이 발길을 내리고
내게 붙들려 목말라했고
바람 한 가닥 스치지 않아 숨죽였던가

붉은 자줏빛으로
모과처럼 묵직한 무게로
짙은 향내음을 내뿜는 자스민
때로는 영광스러운 월계수

한련화 꽃잎처럼 매운 날로도
박하향처럼 짜릿함으로도
괭이풀처럼 시큼한 날로도
낡은 일기장을 펼치고
하얀 광목천에 오색실로 수를 놓아본다

빨간 장미꽃은 님이 보내신 사랑의 꽃
노란 해바라기는 목표를 맴도는 꽃
분홍빛 봉숭아꽃은 벗들과 손톱에 물들이며
첫사랑이 이루어지길 기원하던 꽃
커다란 자색목단은 양기를 북돋아줄 영양제

일기장을 덮고 다시 빈 병을 응시한다.
남은 생에 수를 놓을 꽃들을 생각하며

■
문학평론가 청람 김왕식

배선희 시인은 삶의 구체적 경험과 일상에서 느끼는 감정들을 섬세하게 포착해 내는 작품 세계를 구축한 시인이다. 그의 시는 독자에게 일상적인 순간 속에서 숨어 있는 깊은 의미를 성찰하도록 유도한다.

특히, 이번 시 '빈 병'은 일기장 옆에 놓인 빈 병을 통해 인생의 다양한 순간들과 감정을 투영하는 시인의 감각적이고 철학적인 접근이 돋보이는 작품이다.

빈 병을 통해 삶의 공허함과 동시에 그 공허함을 채우려는 인간의 욕망을 동시에 다루고 있으며, 일상적 사물에서 큰 의미를 찾아내는 그의 시적 감수성이 명료하게 드러난다.

"일기장 곁에는 빈 병이 하나 있다.
일기를 쓰다가 빈 병을 들여다본다"

시의 도입부는 매우 일상적인 장면으로 시작한다. '일기장 곁에 있는 빈 병'은 시인의 내면을 상징하는 중요한 사물이다. '일기를 쓰다가 빈 병을 들여다본다'는 행위는 자신의 삶을 되돌아보고 그 안의 공허함을 마주하는 순간이다. 일기와 빈 병이라는 두 대상은 모두 과거의 기록과 비워진 현재를 동시에 나타내며, 이 둘을 통해 삶의 의미를 묻는 시인의 철학적 고뇌가 엿보인다.

"많은 꽃들이 발길을 내리고
내게 붙들려 목말라했고
바람 한 가닥 스치지 않아 숨죽였던가"

여기서 '꽃들'은 시인의 삶에 한때 존재했던 다양한 감정과 경험들을 상징한다. 이 꽃들은 시인의 인생을 잠시 스쳐 지나간 감정들로, '발길을 내리고', '붙들려 목말라' 했다는 표현은 시인이 그 감정들과 경험들을 붙들고 있었으나 충분히 살아 숨 쉬지 못했던 것을 암시한다. '바람 한 가닥 스치지 않아 숨죽였던가'라는 구절은 정체된 삶의 한순간을 상징하며, 감정이 억눌리고 고여 있는 상태를 표현한다. 시인의 내면에서 여전히 풀리지 않은 감정들이 빈 병에 담겨 있는 셈이다.

"붉은 자줏빛으로
모과처럼 묵직한 무게로
짙은 향내음을 내뿜는 자스민
때로는 영광스러운 월계수
한련화 꽃잎처럼 매운 날로도
박하향처럼 짜릿함으로도
괭이풀처럼 시큼한 날로도"

이 부분에서는 여러 가지 꽃과 그 향기를 통해 인생의 다양한 순간들을 묘사한다. '붉은 자줏빛', '모과처럼 묵직한 무게', '자스민' 등은 각각 삶의 깊이와 향기를 상징하며, 다양한 감정의 층위와 그 강도를 나타낸다. '매운 날', '짜릿함', '시큼한 날'은 일상의 다양한 감정과 기억들을 상징한다. 이 모든 꽃들은 빈 병 안에서 한데 어우러지며 시인의 내면세계를 구성하는 요소들이다. 시인은 이처럼 풍부하고 감각적인 묘사를 통해 독자에게 자신의 내면을 시각적으로 전달하고자 한다. 각 꽃들이 가진 색과 향은 인생의 다양한 측면을 상징하며, 이로써 시의 감각적 이미지가 더욱 선명하게 다가온다.

"낡은 일기장을 펼치고
하얀 광목천에 오색실로 수를 놓아본다"

'낡은 일기장'은 시인의 지나온 삶의 기록을 의미하며, '하얀 광목천에 오색실로 수를 놓는다'는 표현은 과거의 기억들을 바탕으로 새로운 인생의 장을 만들어가는 행위를 상징한다. 이는 시인이 자신의 삶을 되돌아보며 과거의 경험들을 바탕으로 미래를 설계하려는 의지를 담고 있다. 오색실은 다채로운 인생의 경험과 감정을 나타내며, 그 경험들을 엮어 하나의 아름다운 삶의 작품으로 만들어가려는 시인의 철학이 엿보인다.

"빨간 장미꽃은 님이 보내신 사랑의 꽃
노란 해바라기는 목표를 맴도는 꽃
분홍빛 봉숭아꽃은 벗들과 손톱에 물들이며
첫사랑이 이루어지길 기원하던 꽃
커다란 자색목단은 양기를 북돋아줄 영양제"

여기서는 각 꽃이 상징하는 의미를 구체적으로 제시한다. 빨간 장미는 사랑의 상징으로, 노란 해바라기는 목표를 향해 끊임없이 노력하는 삶의 모습을, 분홍빛 봉숭아는 순수하고 아련한 첫사랑의 기억을 나타낸다. 자색목단은 삶의 활력을 의미하며, 시인은 이 다양한 꽃들을 통해 인생의 여러 가지 양상을 상징적으로 드러낸다. 이는 시인이 인생을 긍정적으로 바라보며, 그 안에서 아름다움을 찾아내려는 의지를 보여준다.

"일기장을 덮고 다시 빈 병을 응시한다. 남은 생에 수를 놓을 꽃들을 생각하며"
마지막 구절에서는 '일기장을 덮고 빈 병을 응시한다'는 시인의 태도를 통해 다시금 자기 성찰의 순간을 강조한다. 남은 생애에 무엇을 채울 것인가에 대한 고민이 담겨 있으며, 빈 병은 여전히 무언가를 담아낼 준비가 되어 있는 상태이다. 시인은 미래에 채워질 수많은 꽃들을 생각하며, 자신의 삶을 더욱 풍부하게 만들어갈 의지를 다지고 있다. 배선희 시인의 '빈 병'은 일상의 사물에서 출발해 삶의 본질을 탐구하는 철학적 시각이 돋보이는 작품이다. 빈 병이라는 상징을 통해 시인은 삶의 공허함과 동시에 그 안을 채우려는 인간의 욕망을 깊이 있게 다루고 있다.

시 전체에서 감각적인 이미지와 색채가 풍부하게 사용되었으며, 다양한 꽃과 그들의 상징적 의미를 통해 삶의 다층적인 면모를 섬세하게 표현하고 있다. 시인은 일상의 평범한 사물에서도 큰 의미를 발견하는 감수성을 지녔으며, 이러한 점이 그의 시적 세계를 더욱 풍성하게 만든다.

이 시는 독창적인 표현을 통해 인간 존재의 복잡성과 그 아름다움을 탐구하고 있다. 시인은 삶을 하나의 수놓기 작업으로 비유하며, 과거의 경험과 기억을 바탕으로 미래를 새롭게 채워가는 모습을 그리고 있다.

이러한 시인의 접근 방식은 삶의 의미를 다시 한번 생각하게 만들며, 독자에게 깊은 울림을 준다.

'빈 병'은 단순한 공허함이 아닌, 그 안을 채울 무한한 가능성으로 독자에게 다가가며, 시인의 삶과 철학을 더욱 깊이 있게 이해할 수 있도록 돕는다.

■
배선희 시인님께

안녕하세요. 저는 시인님의 시 '빈 병'을 읽고 큰 감동을 받은 독자입니다. 일기장 곁에 놓인 빈 병이라는 이미지에서 출발해 삶의 다양한 순간과 감정을 풀어내는 시인님의 시적 감수성에 깊이 빠져들었습니다. 시를 읽으며 일상의 사물 하나에도 이렇게 깊은 의미와 사유가 담길 수 있음을 새삼 깨달았습니다.

특히, 시에서 묘사된 꽃들은 그 자체로 강렬한 상징처럼 다가왔습니다. 다양한 색채와 향기를 지닌 꽃들을 통해 시인은 삶의 수많은 순간들을 마치 한 폭의 그림처럼 펼쳐 보이셨습니다. 그 꽃들이 발길을 내리고 목말라했던 모습, 향을 내뿜고 시든 모습들이 시인님의 내면 세계를 비추는 거울 같았습니다. 그 어떤 화려한 표현이나 과장이 아닌, 담담하고 조용히 풀어낸 시어들이 오히려 더 큰 울림으로 다가왔습니다.

저는 시인님의 시를 읽으며 제 삶의 순간들을 떠올렸습니다. 지나온 시간 속에서 저는 얼마나 많은 꽃들을 피우고 또 시들게 했는지 생각해보게 되었습니다. 저 또한 꽃들을 붙들고 살아가며 때론 숨죽이고, 때론 향을 내뿜고 있었던 것 같습니다. 시인님께서는 빈 병이라는 아주 작은 사물에서 출발해 삶의 깊이를 이토록 넓게 펼쳐 보이셨습니다. 그 안에서 저는 제 자신을 되돌아보고, 앞으로의 시간을 어떻게 채워 나가야 할지 다시금 고민하게 되었습니다.

'낡은 일기장을 펼치고 하얀 광목천에 오색실로 수를 놓는다'는 구절에서는 과거의 기록을 되짚어보며 미래를 향해 나아가려는 시인님의 의지를 엿볼 수 있었습니다. 저도 시인님의 시처럼, 제 삶의 순간들을 하나하나 짚어보며 앞으로의 날들을 어떻게 수놓아야 할지 고민하게 됩니다. 오색실로 수를 놓듯, 다채로운 경험과 감정으로 제 삶을 풍부하게 만들어가고 싶다는 생각이 들었습니다.

마지막으로, 시를 덮고 다시 빈 병을 응시하는 시인의

모습이 떠오릅니다. 그 빈 병은 여전히 무엇인가를 담아 낼 준비가 되어 있는 듯 보였습니다. 제 삶도 그와 같겠 지요. 아직 담지 못한 수많은 꽃들이 있고, 그 꽃들을 어떻게 피워 나갈지 고민하며 살아가야겠다는 다짐을 하게 됩니다.

시인님의 시는 저에게 큰 울림을 주었습니다. 단순히 시를 읽는 것을 넘어, 제 삶을 돌아보게 하고, 앞으로의 방향을 생각하게 하는 계기가 되었습니다. 사소해 보이는 일상 속에서도 그 안에 숨겨진 의미를 찾아내는 시인의 섬세한 시각이 참으로 감명 깊었습니다. 앞으로도 시인님의 작품을 통해 많은 사람들에게 이런 깊은 울림을 전해주실 것이라 믿습니다.

푸른 연꽃 한 송이

시공을 돌고 넘어 삼라만상을 눈으로 담아내는
세상만사 체험여행길, 오늘도 길 위로 나섰습니다
겨울 찬바람에 몸을 감고 구름에 가린 해거름 길가.
낙산사 해수관음상 앞에 이르러 합장을 하자

먹구름 몰아 두 날개를 펼쳐들고 다가오시더니
서방정토 가시는 길에 한줄기 빛으로 내리시어
관음 석상에 황금빛 옷을 입혀 형상을 나투시다니!

천안으로 오고감이 하나인 법계의 실체를 보이시고
천수로서 황금빛 옷을 지어 화엄의 도리를 보이시니

거룩한 장엄 아래, 더 이상 무엇을 더 보오리까!
전 전생을 돌고 돌아 이승까지 날아와 날개를 접나이다
세세생생 짊어졌던 오만 가지 생각들을 내려놓나이다.
그토록 끈질기게 지켜왔던 명줄 한 번 튕겨 보나이다

설움도 기쁨도 한데 엉켜 바람으로 윙윙 울리나이다
말씀이라면 제 두 귀로 어찌 다 들어 담으리오.
비밀이라면 제 혼자 어찌 다 묻어 두리요.
이 세상에 누가 있어 이 소식을 나누어 가지리오

연따라 이승에 와서 청련화로 피어있다가
오늘에 이르러서야 부처님 전에 꽃 공양을 올리나이다.
임이시여! 저더러 혼자 감당하라지는 마시옵소서!
석가세존께옵서 푸른 연꽃 한 송이를 들어 보이시니
중생마다 소원 내밀어 가피력을 받들어 합장할 때
가섭존자가 그 뜻을 알고 염화시중에 미소를 지어

생사해탈의 정법안장을 이심전심으로 부촉하셨고,
바람에 펄럭이는 깃발을 보고 삼세를 뛰어넘고

새소리 물소리를 들어 영산회상의 장광설을 알진대
황금빛 옷을 입으시고 나투시는 관음현신을 친견하고도
어찌 중생의 소원 하나와 맞바꿈을 하겠나이까!?

엎드려 영접하지 못하고 선 채로 석상이 되라십니까?
저더러 어찌 혼자 이를 다 감당하라 하시는지요?
가슴 미어지게 차오르는 환희의 눈물을 어찌 하오리까?
석가세존께서 삼처전심으로 삼세불이 일체동이라 이르시고
낙산 관음상에 황금옷을 입혀 거룩하게 나투시니
사처전심으로 미륵 회상을 열어 보이심이옵니까?

깨달음의 연을 맺어주는 각연명사로 다시 태어나

세상만사 체험여행으로 인연 다리를 만들어가듯
미륵보살의 처소에서 용화 보물을 하나씩 찾아내어
본래 둘이 아닌 법계를 열어 보이라 하십니까?
미륵보살은 뉘시며 용화 보물은 어디에 있으리오.
삼세불이 일체동이니 설마 저더러는 늘 아니겠지요.
임이시여! 저더러 혼자 감당하라지는 마시옵소서!

■
문학평론가 청람 김왕식

이 시는 불심이 깊은 배선희 작가가 낙산 관음상에 햇빛이 비춰 모두 황금빛으로 물든 관음상을 보고 즉석에서 감탄하여 쓴 시이다

배선희 시인은 삶의 모든 순간을 시와 연관 짓는 강렬한 심미안을 지닌 시인이다. 그의 작품은 종종 일상의 경험과 불교적인 깨달음을 결합해, 독자로 하여금 현실 너머의 의미를 탐구하게 한다. 낙산 관음상의 황금빛 광경을 보고 즉석에서 쓴 이 시 '푸른 연꽃 한 송이' 역시, 그의 불심 깊은 사유와 감각적인 표현을 통해 삶과 깨달음의 여정을 탐구하고 있다. 이 시는 세상만사의 변화와 그 속에서의 인간 존재의 의미, 그리고 불교적 관점에서의 해탈과 중생의 소원 성취에 대해 깊이 있게

탐구하는 작품이다. 배선희의 시는 현실의 이미지를 초월적으로 확장시키며, 그 속에서 개개인의 내적 성찰과 인간 존재의 궁극적 가치를 상기시킨다.

첫 번째 행에서는 시인이 "시공을 돌고 넘어 삼라만상을 눈으로 담아내는" 구절을 통해, 세상의 모든 존재와 현상을 탐구하며 경험하는 시인의 자세를 드러낸다. 이는 시인이 삶을 살아가면서 끊임없이 경험하고 배우려는 자세를 의미하며, 동시에 그 경험들이 단순히 물리적인 여행에 국한된 것이 아니라 정신적인 여정임을 암시한다. 여기서 "삼라만상"은 불교적 세계관을 드러내며, 인간의 경험과 그로 인한 깨달음을 중시하는 태도를 강조한다.

다음 행에서는 "겨울 찬바람에 몸을 감고 구름에 가린 해거름 길가"라는 묘사를 통해 자연의 엄숙함과 엄격함 속에서도 계속 길을 나서는 시인의 강인한 의지를 보여준다. 이는 시인의 삶의 태도와 결단력을 나타내며, 시적 화자가 걸어가는 길이 단순한 길이 아니라 인생의 여정이자 깨달음의 길임을 상징한다.

이어지는 부분에서는 "낙산사 해수관음상 앞에 이르러 합장을 하자"라는 구절을 통해 시적 화자의 행위가 단순한 기도가 아니라, 내적 통찰과 연결된 깊은 명상의 순간임을 드러낸다. 이 행은 시인의 불심과 깨달음을 추구하는 마음을 드러내며, 관음상을 향한 합장이 마치 내면의 깨달음을 위한 준비 과정임을 나타낸다.

"먹구름 몰아 두 날개를 펼쳐들고 다가오시더니"라는 묘사는 자연 현상을 신성하게 재해석하여 시적 화자의 내적 경험을 더욱 생동감 있게 전달한다. 시인이 묘사하는 관음상의 모습은 단순한 석상의 형상이 아니라, 생동감 넘치는 신적 존재로 재탄생하여 독자들에게 큰 감동을 준다. 이러한 표현은 시적 이미지의 중요성을 부각시키며, 시적 화자가 체험한 황홀한 순간을 시각적으로 드러낸다.

"서방정토 가시는 길에 한줄기 빛으로 내리시어 관음 석상에 황금빛 옷을 입혀 형상을 나투시다니!"라는 부분에서는, 빛을 통해 불교적 상징인 관음보살의 현현을 표현하고 있다. 이는 깨달음의 순간을 상징하며, 관음상이 단순한 조각상이 아니라 성스러운 존재로 변모하는 순간을 강조한다. 시인의 체험이 곧 진리와 깨달음의 체험임을 독자에게 전해준다.

이어지는 구절들에서 "천안으로 오고감이 하나인 법계의 실체를 보이시고 천수로서 황금빛 옷을 지어 화엄의 도리를 보이시니"라고 표현함으로써, 관음보살의 신비로운 변화를 통해 법계의 실체를 드러낸다. 이는 불교의 심오한 진리를 시각적으로 형상화하여 독자에게 전달하는 과정으로, 시인의 내면에 자리한 깨달음의 체험을 시각적 이미지로 변환한 것이다.

시의 중반부에서 "전 전생을 돌고 돌아 이승까지 날아와 날개를 접나이다"는 윤회의 사상을 반영한 것으로, 시인은 자신의 삶과 과거 생애들을 하나의 연속체로 보고 있다. 이는 불교의 업(業)과 윤회(輪廻)의 철학을 반영하며, 시인이 자신의 현재를 더욱 의미 있게 만드는 과정임을 암시한다.

또한 "세세생생 짊어졌던 오만 가지 생각들을 내려놓나이다"는 욕망과 집착으로부터 벗어나려는 시인의 결의를 표현한다. 이는 해탈의 경지에 이르기 위한 과정으로서, 마음의 속박을 풀어내고 내면의 자유를 추구하는 모습이다. 이러한 구절들은 시적 화자의 내적 갈등과 정화를 나타내며, 이를 통해 독자에게 깊은 울림을 준다.

"석가세존께서 푸른 연꽃 한 송이를 들어 보이시니"라는 구절에서는 석가모니의 설법 장면을 떠올리게 한다. 푸른 연꽃은 불교에서 지혜와 깨달음을 상징하는데, 이를 통해 시인은 중생에게 전달하고자 하는 진리의 상징성을 드러낸다. 이는 시인이 독자에게 불교적 깨달음의 순간을 상기시키며, 이를 통해 삶의 깊이를 탐구하도록 유도한다.

마지막 부분에서 "임이시여! 저더러 혼자 감당하라지는 마시옵소서!"라는 반복된 탄원은 시인이 느끼는 내적 갈등과 소망을 절절하게 표현한다. 이는 깨달음의 길이 혼자만의 싸움이 아님을 강조하며, 모두가 함께할 때 비로소 참된 해탈과 깨달음에 이를 수 있음을 나타낸다.

전체적으로 '푸른 연꽃 한 송이'는 배선희 시인의 불심과 내적 성찰의 깊이를 고스란히 드러낸다. 시인은 자연현상을 통해 불교적 깨달음의 의미를 전달하며, 독자에게 인간 존재의 본질과 삶의 의미를 탐구하도록 한다. 이 시의 핵심은 각 구절마다 상징적인 이미지와 철학적 사유를 결합시켜, 독자들에게 깊은 감동과 깨달음을 선사하는 데 있다. 배선희의 시는 그의 내면 깊은 곳에서 우러나온 사유와 감정을 통해 독자에게 끊임없는 성찰과 깨달음을 요구하며, 이를 통해 시인의 독창적인 시 세계가 확립된다.

■
배선희 시인에게

관음사를 찾은 스님으로서 저는 이곳을 수없이 찾아오며 관음보살의 자비로운 현신을 마주한 적이 많았습니다. 그곳에서 바람에 흔들리는 소나무와 파도 소리를 들으며 깊은 명상에 잠긴 시간들이 무수히 흘러갔습니다. 그러나 오늘 배선희 시인이 노래한 관음상의 황금빛 현현을 듣고, 저는 새로운 눈으로 이곳을 바라보게 되었습니다. 배선희 시인은 자신의 시 '푸른 연꽃 한 송이'를 통해 관음상에 깃든 신비로운 빛의 경험을 이야기하며, 그 누구도 보지 못했던 황홀한 광경을 눈앞에 펼쳐 보이셨습니다. 저는 그 글을 읽으며 시인의 불심 깊은 감각과 섬세한 내면의 세계를 예찬하지 않을 수 없었습니다.

저는 오랜 시간 동안 이곳에서 수도하며 관음상 앞에서

많은 시간을 보냈지만, 단 한 번도 온통 황금빛으로 물든 관음상을 본 적이 없었습니다. 많은 사람들이 이곳을 찾아와 관음상의 자비로운 눈빛과 부드러운 미소를 보고 갔으나, 황금빛으로 빛나는 관음상을 본 사람은 없었습니다. 그것은 아마도 배선희 시인만이 지닌 특별한 불심의 힘이 아니었을까요. 시인은 관음상의 황금빛을 눈앞에 그려내며 그것을 마치 신성한 환희의 순간처럼 노래하셨습니다. 이는 시인의 불심이 얼마나 깊은지, 그리고 그의 마음이 얼마나 순수한지를 보여주는 증거입니다.

'푸른 연꽃 한 송이'는 시인이 느끼신 그 황홀한 순간을 오롯이 담고 있습니다. 시인은 세상 만물을 두루 경험하며, 그 경험들이 한데 엉켜 화엄의 도리를 깨닫는 순간을 표현하십니다. 그가 낙산사 해수관음상 앞에서 느낀 감격과 황홀은 단순한 자연의 현상으로 설명할 수 없는 경지였습니다. 그것은 신의 세계와 인간의 세계가 만나는 지점이었으며, 그곳에서 시인은 황금빛의 빛살을 통해 관음보살의 자비로운 미소를 보셨던 것입니다. 스스로도 여러 차례 이곳을 찾았지만 그런 경험을 하지 못한 저는 배선희 시인의 이러한 심오한 불심에 감탄하지 않을 수 없습니다.

배선희 시인이 표현한 황금빛 관음상의 현현은 불교 신앙의 깊은 본질을 탐구하는 데 중요한 역할을 합니다. 스님으로서 제가 배운 바에 따르면, 관음보살은 중생의 고통을 어루만지고, 그들에게 자비를 베푸는 존재입니다. 시인은 이 불교적 진리를 섬세하게 시어로 형상화하여, 관음보살의 자비가 현실 세계 속에 현현하는 순간을 마치 한 폭의 그림처럼 그려내셨습니다. 그는 자신이 느낀 감동과 경외를 그리면서, 그 속에 담긴 깊은 의미를 우리에게 전달해 주십니다. 이것은 시인의 불심이 얼마나 깊고 진실한지를 보여주는 예이며, 그의 내면이 신성함에 대한 갈망으로 가득 차 있음을 드러냅니다.

시인은 "서방정토 가시는 길에 한줄기 빛으로 내리시어 관음 석상에 황금빛 옷을 입혀 형상을 나투시다니!"라고 읊조리며, 그가 체험한 신성한 순간을 감각적으로 표현하십니다. 이 구절은 시인의 마음속에 자리한 깊은 불심과 그 불심으로부터 피어나는 순수한 감동을 잘 드러냅니다. 이 빛은 단순한 물리적 빛이 아니라, 마음의 눈으로 보아야만 볼 수 있는 빛이며, 깨달음과 자비의 상징입니다. 배선희 시인은 이 빛을 보셨고, 그것을 노래하셨습니다. 저는 이 점에서 그의 시심이 곧 불심이며, 그의 시가 곧 불법(佛法)이라고 생각합니다.

시인이 전하시는 황금빛 관음상의 이미지 속에는 불법의 깊은 뜻이 담겨 있습니다. "천수로서 황금빛 옷을 지어 화엄의 도리를 보이시니"라는 구절은 모든 존재가 연결되어 있음을 깨닫는 불교의 진리를 형상화합니다. 관음상이 입은 황금빛 옷은 우리 모두가 연기법(緣起法)으로 연결되어 있음을 상징합니다. 이 깨달음을 통해 우리는 자신의 삶을 더 깊이 성찰하고, 나아가 중생의 고통을 함께 나누는 길로 나아가야 합니다. 배선희 시인은 이 진리를 누구보다도 깊이 이해하고 계시며, 그 깊은 불심을 시를 통해 세상에 드러내셨습니다.

더 나아가 시인은 자신의 내적 여정을 "전 전생을 돌고 돌아 이승까지 날아와 날개를 접나이다"라는 구절로 표현하며, 윤회의 무게 속에서 자신의 현재를 받아들이고 계십니다. 이는 시인이 자신의 삶을 불교적 깨달음의 과정으로 보고 계시며, 이를 통해 우리에게 삶의 의미를 새롭게 정의해 보라고 권하는 것입니다. 배선희 시인의 시는 단순한 문학적 창작물이 아닙니다. 그것은 불심 깊은 깨달음의 결실이며, 이를 통해 우리는 삶과 죽음의 의미를 다시금 생각해 보게 됩니다.

이처럼 배선희 시인의 불심과 그의 시세계는 우리 모두에게 깊은 감동과 깨달음을 줍니다. 그의 시는 단순히 읽는 것이 아니라, 마음으로 느끼고 영혼으로 받아들여야 할 작품입니다. 관음상을 향한 그의 예찬과 그가 본 황금빛 관음상의 현현은 우리에게 신성한 순간을 상기시키며, 우리 마음속에 숨어 있는 불성을 깨우쳐 줍니다. 저는 그의 시를 읽고 깊이 감동하였으며, 그의 불심 깊은 경지에 경의를 표하고자 합니다.

배선희 시인은 마치 불법의 길을 걷는 수행자처럼, 자신의 시를 통해 세상에 자비와 깨달음을 전하고 계십니다.

그의 시는 단순한 언어의 조합이 아니라, 마음 깊은 곳에서 우러나온 깨달음의 목소리이며, 우리는 그 목소리에 귀 기울여야 합니다. 그의 시를 통해 우리는 불교의 진리와 깨달음의 길을 새롭게 발견하고, 그것을 삶의 지침으로 삼을 수 있을 것입니다. 배선희 시인의 불심 깊은 경지에 다시 한번 경의를 표하며, 그의 시가 우리 모두의 마음속에 새로운 빛을 밝혀 주기를 기원합니다.

그리운 이름 하나

내 생에는 지워지지 않는 그리운 이름 하나!
제비 떠난 빈 둥지에 깃을 내린 찬바람에
흔들리는 등불처럼 애처로이 비추어오는
옛 추억을 제비 올 때 다시 물어 오시려나!

애써 기억하지도 슬퍼하지도 않는데 살아가며
삶과 함께 껴안고 싶은 사람. 춘삼월 제비 오는 날에,
그리운 이름 하나!
생각해도 떠오르지 않는 그리운 이름 하나!

부귀영화 물어다가 박타줄 리 없는데도
등 기대면 차오르는 따사로운 체온으로

옛 추억을 새봄 올 때 다시 실어 오시려나!

애써 지우려 지도 생각하려 지도 않는데
바라보며 임과 함께 잠들고 싶은 사람,
춘삼월 제비 오는 날에, 그리운 이름 하나.

■
문학평론가 청람 김왕식

시인 배선희는 깊이 있는 감수성을 지닌 작가로서, 인간의 내면을 탐구하는 작품을 통해 독자들에게 큰 울림을 전하는 시인이다. 그의 삶은 때로는 애틋하고 때로는 고요한 사색의 시간을 거쳐 만들어진 듯하며, 이러한 삶의 경험은 그의 시 세계에 고스란히 반영된다.
배선희 시인은 '그리운 이름 하나'에서 인간의 기억과 그리움, 그리고 삶의 흔적을 하나의 이미지로 포착하고 이를 통해 독자들에게 감동을 준다. 그는 자신의 경험에서 비롯된 소중한 기억을 바탕으로 시를 창작하였으며, 세월이 흐르면서 소중한 사람의 이름조차 희미해지는 인간의 기억과 애틋함을 섬세하게 표현하였다.
이 시는 단순히 그리움에 머무르지 않고, 시간의 흐름 속에 담긴 추억과 잊힌 기억을 불러일으키는 힘을 지닌다.

첫 행 "내 생에는 지워지지 않는 그리운 이름 하나!"에서 시인은 자신의 삶에 있어 잊혀지지 않는 누군가의 이름을 언급하며 시를 시작한다. 여기서 '지워지지 않는'이라는 표현은 기억의 영속성과 더불어 그리움의 깊이를 강조한다. '그리운 이름'은 단순한 이름 이상의 존재로, 이는 시인의 삶의 일부이자 감정적 고리로 작용한다. 또한, "제비 떠난 빈 둥지에 깃을 내린 찬바람에"라는 구절에서는 떠난 존재의 빈자리를 느끼게 하는 찬바람의 이미지가 더해지며 그리움의 정서를 더욱 짙게 만든다. 제비가 떠난 자리, 그리고 그곳에 남아 있는 찬바람은 누군가의 부재를 상징하며, 그 부재가 남긴 흔적이 얼마나 시린지를 비유적으로 표현한다. 시어에서 느껴지는 한기와 서글픔은 읽는 이의 가슴속에 공감을 불러일으킨다.

이어지는 구절, "흔들리는 등불처럼 애처로이 비추어오는 옛 추억을 제비 올 때 다시 물어 오시려나!"에서는 등불이 바람에 흔들리는 모습이 옛 추억을 상징적으로 보여준다. 등불의 흔들림은 불안정한 기억과 감정을 떠올리게 하며, 이는 제비가 다시 돌아올 때 과거의 추억도 함께 돌아오기를 바라는 마음으로 연결된다. 여기서 '애처로이'라는 단어는 그리움이 얼마나 간절한지를 드러낸다. 시인의 감정은 간접적이지만 강렬하게 독자의 마음을 흔든다.

"애써 기억하지도 슬퍼하지도 않는데 살아가며 삶과 함께 껴안고 싶은 사람." 이 구절에서는 굳이 기억하려 하지 않아도, 슬퍼하려 하지 않아도 여전히 존재하는 그리움에 대한 이야기가 담겨 있다. 이는 시인의 내면에 깊이 새겨진 인연의 흔적을 의미하며, 이러한 흔적은 의식하지 않아도 삶의 어느 순간 문득 떠오르는 것이다. '껴안고 싶은 사람'이라는 표현은 그리운 존재가 단순한 기억의 대상이 아니라, 현재와 함께하고 싶은 소중한 사람임을 나타낸다.

다음 행에서 "춘삼월 제비 오는 날에, 그리운 이름 하나!"라는 구절이 반복되면서 시의 운율과 정서를 더욱 강화한다. 춘삼월, 즉 3월의 봄날에 제비가 돌아오는 날을 기다리는 모습은 새로운 시작과 희망을 상징한다. 그러나 이와 동시에 그리움은 계속해서 남아 있음을 시사하며, 이는 시간의 흐름 속에서도 변하지 않는 감정의 본질을 보여준다.

"생각해도 떠오르지 않는 그리운 이름 하나!"에서

시인은 오랜 시간 속에 잊힌 이름이 되어버린 존재에 대해 이야기한다. '떠오르지 않는'이라는 표현은 시간의 흐름에 따라 무뎌진 기억을 나타내며, 이는 그리움의 본질을 더욱 복잡하게 만든다. 이 시의 중심 주제는 바로 이러한 잊힘과 기억의 경계에서 발생하는 감정의 갈등이다. 시인은 이름조차 기억나지 않지만 여전히 그리운 사람에 대한 애틋함을 담아내며, 인간의 기억이 얼마나 불완전하고도 연약한지를 보여준다.

"부귀영화 물어다가 박타줄 리 없는데도 등 기대면 차오르는 따사로운 체온으로"라는 구절에서는 그리운 사람이 다시 돌아온다면 물질적인 부귀영화보다는 따뜻한 체온으로 느껴지는 온기가 더 중요하다는 점을 강조한다. 이는 시인의 가치철학이 담긴 부분으로, 물질적 소유보다 관계와 감정의 중요성을 부각시키고 있다. 시인은 그리운 이와의 감정적인 교류와 인간적인 온기를 갈망하고 있으며, 이는 인간의 본질적인 정서를 표현하는 데 효과적이다.

"옛 추억을 새봄 올 때 다시 실어 오시려나!"라는 구절은 새로운 시작에 대한 희망과 기대를 담고 있다. '새봄'이라는 표현은 새로운 시작, 회복, 그리고 재회를 상징하며, 이를 통해 시인은 과거의 기억을 되살리고자 하는 마음을 표현한다. 이러한 희망적 메시지는 독자에게도 위로와 공감을 불러일으키며, 그리움 속에서도 새로운 시작을 찾을 수 있는 가능성을 열어준다.

"애써 지우려 지도 생각하려 지도 않는데 바라보며 임과 함께 잠들고 싶은 사람," 이 부분은 시인의 감정이 얼마나 깊고 진실한지를 보여준다. 애써 지우거나 생각하려 하지 않지만, 그럼에도 불구하고 그리운 이와 함께 하고 싶은 바람은 시인의 내면에서 끊임없이 솟아오르는 감정임을 나타낸다. 이는 단순한 회상이 아닌, 존재와 존재 사이의 깊은 연결을 의미하며, 그러한 연결이 인간의 삶을 얼마나 의미 있게 만드는지를 시사한다.

마지막으로, 시인은 "춘삼월 제비 오는 날에, 그리운 이름 하나."라는 반복 구절로 마무리하며 시의 운율을 더욱 강조하고 있다. 이 반복적 구절은 시의 전체적인 리듬을 잡아주는 동시에, 그리움이라는 주제가 결코 단편적인 것이 아님을 시사한다. 춘삼월의 제비는 생명력과 회복을 상징하는 동시에, 그리운 존재와의 재회를 기원하는 마음을 상징한다. 이러한 상징적 의미는 시 전체를 통일성 있게 만들며, 독자에게 깊은 여운을 남긴다.

요컨대, 시 '그리운 이름 하나'는 기억과 그리움, 그리고 인간적인 온기에 대한 배선희 시인의 철학이 집약된 작품이다. 시인은 간결하면서도 섬세한 표현으로, 그리움이라는 주제를 다양한 이미지와 감성으로 그려냈다. 그의 시는 단순한 추억의 나열이 아닌, 그리움과 희망, 그리고 삶의 깊이 있는 사색을 담고 있으며, 이러한 점에서 독자들에게 깊은 감동과 울림을 전한다.
시인의 독창적인 표현과 이미지의 사용은 쉽게 모방할 수 없는 독자적인 세계를 형성하며, 그의 시적 세계는 앞으로도 많은 이들에게 사랑받을 것이다.

■
배선희 시인님께

안녕하세요. 시인님의 시 '그리운 이름 하나'를 읽고 저도 모르게 마음이 울컥하며 펑펑 울었습니다. 그리움이라는 감정이 이렇게 절절하게 다가올 수 있는지, 이렇게 마음속 깊은 곳을 건드릴 수 있는지 처음으로 느꼈습니다. 한 편의 시가 사람의 마음을 움직이고, 그 사람의 삶에 스며들어 생각하게 만든다는 것을 새삼 깨달았습니다.

시인은 우리가 느끼는 그리움이라는 감정을 고요하게, 그러나 강렬하게 그려내셨습니다. 누구나 한 번쯤은 가슴 속 깊이 간직하고 있는 그리운 이름 하나가 있을 텐데, 시인님의 시를 읽으며 그 이름이 제 마음속에 떠오르며 생생하게 다가왔습니다. 그리움은 단순히 지나간 시간을 추억하는 감정이 아니라, 지금도 현재의 내 삶에 영향을 미치는 힘이 있다는 것을 새삼 느꼈습니다. 시를 읽으며 그리운 이의 따스한 체온이 느껴지는 듯했고, 다시금 그 시절로 돌아가고 싶다는 생각도 들었습니다.

시의 언어는 단순하면서도 매우 깊이 있고, 마치 한 편의 영화처럼 눈앞에 그려졌습니다. "춘삼월 제비 오는 날에, 그리운 이름 하나!"라는 구절이 반복되면서 시의 정서가 더 강렬하게 다가왔습니다. 제비가 떠난 빈 둥지와 찬바람, 흔들리는 등불 같은 이미지들은 잊히지 않을 것 같습니다. 시인은 독자가 시를 읽는 순간 그 감정과 이미지에 빠져들게 만들고, 그리움의 감정을 더욱 생생하게 경험하게 해주셨습니다. 그 속에서 자연스럽게 제 삶을 되돌아보고, 잊고 지내던 감정들을 다시금 떠올리게 되었습니다.

'그리운 이름 하나'라는 표현 속에는 우리의 삶 속에서 잊을 수 없는 사람, 잊혀질 수 없는 순간들이 오롯이 담겨 있다고 생각합니다. 시인님께서는 그리움이 단순히 지나간 시간의 산물이 아니라, 지금도 우리 삶을 살아가는 힘이라는 것을 시를 통해 알려주셨습니다. 애써 기억하려 하지 않아도, 애써 슬퍼하려 하지 않아도, 문득 떠오르는 그리운 이름이 주는 힘과 감동을 잊지 못할 것 같습니다.

시는 깊이 있는 통찰과 사색의 결과물이라고 느꼈습니다. 시를 읽고 나서 한참을 가만히 앉아 시 속의 여운을 음미했습니다. 그리움 속에서도 희망을 놓지 않는 시인의 따뜻한 시선이, 시를 읽는 사람의 마음을 녹이고 위로해줍니다. 그러면서도 시인은 그리움의 깊이를 고스란히 전달해줍니다. 시를 읽으며 저 또한 시인님의 삶의 일부를 엿본 듯한 느낌이 들었고, 그것이 더욱 이 시를 특별하게 느껴지게 만들었습니다.

시인의 시를 통해 그리움이 결코 과거에 머물지 않는 감정임을 느꼈습니다. 살아가며 때때로 떠오르는 감정, 함께 껴안고 싶은 사람에 대한 생각, 그리고 언젠가 제비가 돌아오듯 다시 그리운 이가 돌아올 것 같은 기대와 희망이 담긴 마음이 너무나도 아름답고 애틋했습니다. 시를 통해 이런 감정을 공유할 수 있어 감사한 마음이 들었습니다.

'그리운 이름 하나'는 제 삶에 오랫동안 남을 시가 될 것 같습니다. 시인님의 시를 통해 잊고 있던 감정들을 되살리고, 다시금 따스한 위로를 받았습니다. 앞으로도 시인님의 작품을 통해 더 많은 감동을 느끼고 싶습니다. 그리움 속에서도 희망을 잃지 않는 시인의 따뜻한 마음을 응원하며, 앞으로도 많은 이들에게 큰 울림을 주는 시를 써주시길 바랍니다.

발문

페이지 배선희 작가의 삶의 철학과 작품세계

문학평론가 청람 김왕식

삶의 철학과 가치

배선희 작가의 삶과 철학은 단순한 개인적 경험이나 감정의 나열을 넘어 인생의 본질을 진지하게 탐구하고 도의 정신을 추구하는 데 초점을 둔다. 그의 작품은 이러한 깊이 있는 고찰로부터 탄생하며, 그 안에는 삶의 근원적인 가치에 대한 진지한 성찰과 인간에 대한 따스한 사랑이 담겨 있다. 배선희 작가가 지향하는 삶의 방향은 진정성과 올곧음에 기초하며, 이는 작품에 고스란히 녹아든 미학적 가치로 표현된다. 그의 글 속에는 단순한 미적 즐거움을 넘어 삶의 본질에 대한 탐구가 담겨 있고, 그 탐구 속에서 피어나는 인간다움과 철학이 진솔하게 펼쳐진다.

배선희 작가는 삶을 편안한 안식처나 즐거움의 대상으로만 바라보지 않는다. 오히려 삶의 고통과 고뇌, 그리고 그 속에서 움트는 희망과 깨달음에 더 깊이 주목한다. 그의 작품에는 인간 존재의 본질에 대한 탐구가 깃들어 있고, 생의 희로애락이 솔직하게 그려져 있다. 삶의 어두운 면을 회피하거나 외면하지 않고, 오히려 그 안에서 발견되는 희망과 깨달음의 순간을 그려내는 것이 그의 작품의 특징이다. 배선희 작가는 사회와 개인이 조화롭게 공존하는 길을 모색하며, 인간 내면에 깃든 숭고한 가치를 발견하고 표현하는 데에 주저하지 않는다. 그의 글은 삶에 대한 단순한 미화나 표피적인 묘사가 아닌, 내면의 깊이를 향한 진정한 탐구의 과정으로 이뤄진다.

배선희 작가의 이러한 철학과 가치관은 그의 작품 전반에 깊은 울림을 전한다. 그의 글은 화려한 언어나 감각적인 표현보다는 진솔하고 담백한 문체로 이루어져 있으며, 이를 통해 독자들은 더 쉽게 작품에 몰입하고 공감할 수 있다. 그의 작품은 단순한 언어적 유희가 아닌 삶에 대한 진지한 고찰과 내면의 깨달음을 전달하며, 이를 통해 독자들에게 강한 여운을 남긴다. 배선희 작가의 작품을 읽다 보면, 마치 작가와 함께 삶의 여러 순간들을 경험하고 성찰하는 듯한 느낌을 받게 된다.

그는 삶의 다양한 모습을 자신만의 언어로 그려내며, 그 속에서 발견되는 아름다움과 가치에 주목한다. 배선희 작가는 일상 속의 평범한 일들과 인물들을 다루지만, 그 속에서 숨어 있는 인생의 본질적인 아름다움과 의미를 발견하고 이를 작품에 녹여낸다. 이러한 일상의 재발견은 독자들에게 새로운 시각을 열어주며, 삶 속에 숨겨진 작은 행복과 의미를 찾아보게 한다. 이는 배선희 작가가 삶에 대한 성찰과 도의 정신을 지니고 작품을 쓰는 작가이기에 가능한 일이다.

배선희 작가의 작품 세계는 삶에 대한 깊은 사유와 그 사유에서 우러나는 성숙한 인생관을 바탕으로 한다. 그는 인간의 고통, 슬픔, 기쁨, 그리고 희망의 순간들을 작품에 진솔하게 담아낸다. 이를 통해 독자들은 그의 작품을 읽으며 자신의 삶을 돌아보고, 그 속에서 새로운 의미와 깨달음을 발견하게 된다. 이러한 배선희 작가의 작품은 마치 인생의 동반자처럼 독자들에게 위로와 성찰의 순간을 제공한다. 그의 작품은 독자들에게 단순히 감각적인 즐거움이나 일시적인 위안을 주는 것이 아니라, 삶의 본질에 대한 깊은 성찰과 깨달음을 제공한다.

또한 배선희 작가의 글 속에는 도의 정신이 담겨 있다. 그의 작품은 단순히 미적 경험을 넘어서 인간의 도덕적 가치와 삶의 방향성을 제시한다. 그에게 있어 도의 세계는 단순히 이상적인 사상적 개념이 아니라, 삶에서 추구해야 할 본질적인 가치로서 존재한다. 배선희 작가는 자신의 작품을 통해 삶에서 추구해야 할 가치와 도덕적 방향성을 제시하며, 이를 통해 독자들이 삶에 대해 더 깊이 생각하고 성찰할 수 있는 기회를 제공한다.

그의 작품을 읽는 것은 마치 그와 함께 인생을 여행하는 것과 같다. 그의 글 속에는 그의 경험과 생각이 담겨 있고, 독자들은 그 글을 통해 자신의 삶을 되돌아보는 시간을 갖게 된다. 배선희 작가의 작품이 가지는 가장 큰 힘은 바로 이 점에 있다. 그의 글은 단순히 한 편의 문학 작품으로서 읽히는 것이 아니라, 독자들의 삶과 연결되고 공감대를 형성하며, 그들에게 위로와 깨달음을 준다.

배선희 작가의 삶과 철학은 진정성과 올곧음을 추구하는 데에서 비롯되며, 이를 통해 그의 작품은 단순히 아름다운 언어의 나열을 넘어 독자들과 깊은 교감을 나눈다. 그의 작품을 읽는 독자들은 그 속에서 자신의 삶과 마주하고, 삶의 의미를 다시 한 번 생각하게 된다. 배선희 작가는 단순히 글을 쓰는 작가를 넘어, 인생의 동반자로서 독자들에게 삶의 의미와 가치를 함께 나누는 존재로 다가온다. 그리고 그의 작품은 앞으로도 많은 독자들에게 삶의 본질과 도의 정신에 대해 생각할 수 있는 귀한 시간을 제공할 것이다.

배선희 작가의 작품 세계

배선희 작가의 작품 세계는 도의적 가치를 중심에 두고, 인간 내면의 깊은 세계를 섬세하게 그려낸다는 점에서 독특하다. 그의 작품에서는 삶의 본질을 파헤치는 성찰과 인간적인 깊이가 예술적 언어로 표현되어 있으며, 이는 작가가 추구하는 삶의 가치와 철학을 독자들에게 진솔하게 전달하는 데에 큰 역할을 한다.

문학적 기교나 수식어의 화려함을 강조하기보다는 솔직하고 담백한 표현을 통해 인간의 감정과 생각을 투명하게 드러내는 것이 배선희 작가의 글쓰기 방식이다. 이를 통해 그는 독자들과 진정성 있게 소통하고자 하며, 삶에 대한 통찰과 깨달음을 간결하고 명료한 언어로 전달하는 데 주력한다.

배선희 작가의 작품에서 가장 두드러지는 점은 바로 '삶의 진실성'과 '도덕적 가치'에 대한 깊은 추구다. 그는 작품을 통해 삶의 아름다움과 진리, 그리고 그 안에 담긴 인간의 순수한 감정을 그려내고, 이를 통해 인생의 본질적인 의미를 독자들에게 전한다. 배선희 작가가 주로 다루는 소재는 특별한 것이 아니다.

오히려 일상에서 흔히 볼 수 있는 평범한 소재와 인물을 다룬다. 그러나 그 속에서 발견되는 작은 아름다움과 숭고한 가치들을 섬세하게 포착하여, 독자들에게 새롭게 보이는 시선을 선사한다. 그의 작품에 등장하는 일상적인 소재와 평범한 인물들은 누구나 쉽게 공감할 수 있는 인간적 경험들을 담고 있다. 이를 통해 독자들은 자신의 삶과 일상을 돌아보게 되고, 그 속에 숨어 있는 철학적 사유와 삶의 본질적인 가치를 발견하게 된다.

배선희 작가의 작품은 특별한 소재를 선택하지 않고도 일상의 순간에서 특별한 가치를 끌어내며, 이를 예술적으로 표현한다. 그의 글은 복잡하고 어려운 언어로 독자들에게 감동을 전하는 것이 아니라, 평범한 일상의 장면과 간결한 표현으로 삶의 진리와 인간 내면의 심오함을 담아낸다. 이는 그의 작품이 독자들에게 쉽게 다가갈 수 있게 하면서도, 그 안에 담긴 메시지는 깊은 울림을 준다. 배선희 작가의 글은 마치 한 편의 수필처럼 편안하고 담담하게 흘러가지만, 그 속에서 삶의 진리와 도덕적 가치를 추구하는 사색의 깊이는 결코 가볍지 않다.

배선희 작가는 글을 통해 삶의 근본적인 진실과 인간 존재의 본질에 대해 이야기한다. 그는 인간이 지닌 본연의 감정과 생각을 솔직하게 드러내며, 그 속에서 발견되는 도의적 가치와 삶의 의미를 탐구한다. 그의 작품에는 삶에 대한 진솔한 고백과 같은 문장들이 많으며, 그 문장들은 독자들에게 삶의 의미를 다시금 생각해보게 만드는 힘을 가지고 있다. 이를 통해 배선희 작가는 독자들이 자신의 삶과 마주하고, 그 속에서 깨달음을 얻을 수 있는 공간을 제공한다. 그의 글은 일상적인 장면에서 발견되는 작지만 소중한 진리들을 통해 독자들의 마음에 진한 울림을 남긴다.

또한, 배선희 작가의 작품은 문학적인 아름다움을 추구하면서도 그 내면에 깊은 사색과 성찰을 담아낸다. 그는 글을 통해 미적인 경험을 전하는 데 그치지 않고, 그 속에서 독자들이 인생의 참된 의미와 본질에 대해 성찰할 수 있도록 이끌어준다. 그의 글은 화려한 언어와 복잡한 문장으로 꾸며진 것이 아니라, 심플하고 담담한 표현 속에 깊은 메시지를 담아내고 있다. 이런 문체는 독자들에게 오히려 더 진정성 있게 다가가며, 그들이 삶을 새롭게 바라보고 그 속에서 의미를 찾아가는 과정을 도와준다.

배선희 작가의 작품에서는 도의 세계와 관련된 주제가 자주 등장한다. 그는 작품을 통해 도의 정신과 삶의 가치에 대해 깊이 생각하고, 이를 독자들에게 전달한다. 그의 작품에서는 인간이 어떻게 살아가야 하는지, 어떤 가치관을 가지고 인생을 살아야 하는지에 대한 진지한 고민과 성찰이 묻어나온다. 배선희 작가는 도덕적 가치를 중요시하며, 인간이 지닌 본연의 아름다움과 선함을 작품을 통해 드러낸다. 그의 글 속에는 도의 정신이 깃들어 있고, 이는 그가 추구하는 삶의 방향과 가치관을 명확하게 보여준다.

배선희 작가의 작품은 독자들로 하여금 일상 속에서 작은 의미를 발견하고, 삶에 대한 깊은 성찰을 할 수 있도록 유도한다. 그의 글은 독자들에게 위로와 영감을 주며, 그들이 자신만의 삶의 가치와 의미를 찾아갈 수 있도록 돕는다. 또한, 그의 작품은 독자들에게 단순한 문학적 즐거움이 아니라, 인생에 대한 깊은 이해와 깨달음을 전해준다. 배선희 작가의 글을 읽는 것은 단순한 문학 작품을 접하는 것이 아니라, 삶의 진실과 인간 본연의 아름다움을 발견하는 하나의 여행과도 같다.

배선희 작가의 작품 세계는 이처럼 삶의 진실성과 도의 정신을 탐구하며, 이를 통해 독자들에게 삶의 의미와 가치를 전하는 데에 주력한다. 그의 작품은 독자들에게 일상 속의 작고 소중한 순간들을 돌아보게 만들고, 그 속에서 인생의 본질을 발견하도록 돕는다. 배선희 작가는 단순한 문학 작가를 넘어, 인생의 동반자로서 독자들에게 진정한 삶의 가치와 철학을 함께 나누는 존재로 다가온다. 그의 작품을 통해 독자들은 자신의 삶을 더 깊이 들여다보고, 그 속에서 새로운 깨달음과 성찰을 얻을 수 있다.

페이지 배선희 작가의 작품을 평석하면서

페이지 작가의 작품을 평석하는 것은 그저 내용과 서사 구조를 이해하는 것에 머물지 않는다. 그의 작품은 때로는 심오한 철학적 주제를 다루어 쉽게 이해하기 어려운 면도 있지만, 그 속에는 삶의 진솔한 모습과 인간 본연의 감정에 대한 깊은 통찰이 담겨 있다. 그래서 독자들은 작가의 글을 읽으며 자신만의 해석을 찾게 된다. 그의 글은 독자들에게 일상적인 사건 속에서 생의 가치를 돌아보게 하고, 나아가 자신이 살아온 인생을 더 깊이 들여다볼 수 있는 계기를 마련해 준다.

배선희 작가의 글은 단순히 삶을 기술하는 것이 아니라, 삶의 본질을 꿰뚫는 통찰력을 보여준다. 그래서 그의 작품은 독자들에게 새로운 시선을 선사한다. 독자들은 그의 글을 통해 잊고 지냈던 일상 속의 가치와 행복을 새롭게 발견하고, 인생에서 경험한 다양한 감정과 사건들을 다시 바라보게 된다. 작품 속에서 인간의 고통과 기쁨, 사랑과 이별, 희망과 절망이 투명하게 그려져 있기 때문에, 독자들은 자신의 삶과 겹쳐진 감정과 상황을 마주하며 공감하게 된다.

배선희 작가와 교감한 독자들은 그의 작품을 읽고 난 뒤 느낀 감정과 생각을 편지에 담아 작가에게 전한다. 이러한 편지들에는 작품이 전하는 메시지에 대한 진한 공감과 감동이 녹아 있다. 어떤 독자는 작가의 글을 통해 잊고 지냈던 가족의 소중함을 깨달았다고 전하기도 하고, 또 어떤 독자는 작품이 자신의 삶에서 겪는 어려움과 슬픔에 큰 위로가 되었다고 밝힌다. 이런 편지들은 독자들이 배선희 작가의 작품을 통해 자신만의 이야기를 다시 떠올리고, 그 속에서 위로와 희망을 찾았다는 사실을 보여준다.

독자들이 보내온 편지들에는 그들만의 진솔한 삶의 이야기가 담겨 있고, 이는 배선희 작가가 독자들과 진정한 소통을 하고 있다는 것을 의미한다. 단순히 작가의 글을 읽는 독자들이 아니라, 그들의 삶과 감정, 생각을 작가와 공유하며 함께 공감하고 성장하는 동반자로서의 관계가 형성된다. 이런 소통은 배선희 작가의 작품이 단순한 문학적 가치에 그치지 않고, 삶의 본질과 도덕적 가치를 찾아가는 과정에서 독자들과 함께 공감하고 소통하고 있다는 점을 분명히 드러낸다.

배선희 작가의 글은 단순히 읽고 흘려보내는 이야기가 아니다. 그의 작품은 독자들로 삶의 본질을 되돌아보게 만들고, 그 안에 담긴 감정과 생각을 깊이 들여다보게 한다. 이는 독자들로 하여금 단순히 작가의 이야기를 읽는 것에서 그치지 않고, 그 이야기를 자신의 삶에 투영해 보게 만든다. 그의 작품을 읽는 독자들은 작품 속에서 일상의 소소한 행복을 발견하고, 인생의 고통과 어려움 속에서도 놓지 않는 희망을 느낀다. 이는 곧 독자들이 자신의 삶을 다시 바라보고, 그 속에 숨겨진 의미와 가치를 재발견하는 순간을 제공한다.
배선희 작가의 작품이 지닌 힘은 바로 이 지점에 있다.

그의 글은 단순히 예술적인 아름다움이나 화려한 표현에 의존하는 것이 아니라, 삶의 진실과 인간의 본질적인 감정을 있는 그대로 전달한다. 그 안에는 작가가 느끼고 체험한 다양한 삶의 모습이 녹아 있으며, 그 모습을 통해 독자들은 자신의 삶과 자연스럽게 연결되어 가는 것이다. 삶의 고통과 슬픔, 기쁨과 행복이 모두 담겨 있는 그의 작품은 독자들에게 위로와 성찰의 시간을 제공한다.

배선희 작가의 작품은 또한 독자들이 자신을 발견하고 성장할 수 있는 계기를 마련해 준다. 그의 글을 통해 독자들은 자신의 삶의 이야기를 다시 꺼내어 보고, 그 안에 담긴 감정과 의미를 새롭게 이해하게 된다. 작품 속에서 발견하는 작고 소중한 진리와 깨달음은 독자들의 마음에 잔잔한 울림을 남기며, 그들에게 삶에 대한 새로운 시선을 열어준다. 이렇게 그의 작품은 독자들에게 인생에 대한 깊은 이해와 공감, 그리고 희망을 전해준다.

독자들은 배선희 작가의 작품을 통해 자신만의 이야기를 다시 들여다보고, 그 속에서 얻는 깨달음을 통해 한

층 더 성숙해진다. 그의 글은 일상의 작은 순간들을 소중하게 만들고, 인생의 길 위에서 마주하는 여러 감정과 상황들을 더 진솔하게 마주하게 한다. 배선희 작가는 독자들에게 단순히 글을 전달하는 것이 아니라, 그들의 삶을 함께 동행하며 공감하고 성장할 수 있는 동반자로서의 역할을 해낸다. 그의 작품을 읽는 것은 마치 인생의 여행을 함께하는 것과 같다. 그 길 위에서 독자들은 자신만의 삶의 의미를 발견하고, 배선희 작가가 전하는 진솔한 메시지에 공감하며, 자신의 삶을 다시 한 번 깊이 들여다보는 시간을 갖게 된다.

배선희 작가의 글을 읽은 독자들은 그의 작품 속에서 자신만의 이야기를 찾고, 그 안에 숨겨진 진리와 가치를 느끼게 된다. 그의 작품은 독자들에게 단순한 위로나 위안이 아니라, 삶에 대한 깊은 이해와 성찰을 전해주며, 그들이 앞으로 나아갈 길을 비춰주는 등불이 되어준다. 이렇게 배선희 작가는 단순한 문학 작가를 넘어, 독자들과 함께 성장하고 소통하는 인생의 동반자로서 많은 이들의 마음에 깊은 울림을 전한다.

배선희 작가를 향한 헌정시

헌정시는 그의 삶의 철학과 가치에 깊은 감동을 받은 동료 작가들이 진심 어린 마음으로 바친 작품들이다. 이 헌정시들은 배선희 작가의 글과 인품에서 느껴지는 깊이 있는 삶의 통찰과 진실한 가치관에 대한 경의를 담고 있다. 삶을 대하는 진중한 태도, 인간 내면의 아름다움을 끊임없이 찾아내는 작가의 시선은 그를 존경하고 따르는 많은 문인들에게 영감의 원천이 되어왔다. 그런 배선희 작가를 향한 동료 작가들의 헌정시는 그가 걸어온 길에 대한 찬사이자 그의 작품 세계를 향한 진심 어린 경의의 표현이다.

헌정시를 쓰는 작가들은 배선희 작가의 숭고한 삶과 글 속에 담긴 철학에 감명을 받고, 그를 향한 마음을 진솔하게 담아낸다. 이 헌정시들은 배선희 작가가 보여주는 진정성, 그가 추구하는 도덕적 가치, 그리고 삶의 아름다움에 대한 그의 따뜻한 시선에 대한 깊은 공감과 경외심을 노래한다. 그는 단순한 문학적 대상을 넘어 삶에 대한 가르침과 위로를 주는 선생이자 동반자로 여겨지고, 이러한 마음이 헌정시의 구절 구절에 담겨 있다.

어떤 헌정시에서는 배선희 작가를 인생의 나그네로 비유하며, 그의 글이 길 위의 등불처럼 독자들의 앞길을 비춰준다고 노래한다. 그 등불은 삶의 어두운 길을 환하게 밝혀주고, 길을 잃은 이들에게 나아갈 방향을 알려준다. 헌정시 작가들은 그의 글을 읽으며 얻은 위로와 희망, 그리고 깨달음에 대한 감사를 전한다. 배선희 작가가 걸어온 인생의 노정이 단순히 개인의 노정에 그치지 않고, 많은 이들에게 힘이 되고 영감이 되었다는 것을 강조하며, 그의 글 속에서 피어난 도의 정신과 인간에 대한 깊은 애정에 찬사를 보낸다.

또 다른 헌정시는 그의 글이 마치 한 편의 시처럼 독자들의 마음에 울림을 준다는 점을 노래한다. 배선희 작가의 작품이 지닌 담백한 아름다움과 솔직한 언어는, 일상의 작은 기쁨과 슬픔을 노래하는 서정시의 풍경을 떠올리게 한다고 말한다. 그는 일상의 소소한 순간들을 통해 삶의 진실을 발견하고, 그 속에서 피어나는 감정들을 담백한 언어로 담아낸다. 이러한 배선희 작가의 글이 주는 감동은 마치 한 편의 시가 독자의 마음에 파문을 일으키듯, 그의 글을 읽는 이들에게 깊은 울림을 남긴다. 헌정시 작가들은 그의 글이 가진 이러한 힘에 감탄하며, 배선희 작가가 주는 문학적 감동과 그 속에 담긴 삶의 깊이에 경의를 표한다.

또한, 헌정시 작가들은 배선희 작가가 보여주는 인품과 글 속에서 드러나는 인간애에 대한 찬사를 아끼지 않는다. 그의 작품은 단순히 예술적 미학에 머물지 않고, 삶의 도덕적 가치를 일깨우는 길잡이 역할을 한다. 그는 삶의 진실성과 도덕적 가치를 중요하게 여기며, 그 가치관이 작품을 통해 독자들에게 자연스럽게 전달된다. 이런 그의 글을 통해 독자들은 자신이 놓치고 있던 삶의 본질적인 가치를 깨닫게 되고, 일상 속에서 작지만 소중한 의미들을 발견한다. 이러한 배선희 작가의 글이 지닌 따뜻함과 진솔함은 헌정시 작가들에게 깊은 감동을 주고, 그들은 그 감동을 헌정시 속에 담아낸다.

헌정시 작가들은 배선희 작가를 향한 존경심과 감사를 시를 통해 표현하며, 그에게서 받은 영감과 깨달음을 글로써 나눈다. 배선희 작가가 보여주는 삶에 대한 긍정적인 시선과 도의 정신에 대한 추구는 단순히 그의 개인적 가치관을 넘어서, 많은 이들에게 인생의 본질적인 의미를 돌아보게 만든다. 그의 작품은 독자들의 마음에 등불을 켜고, 그 등불은 삶의 여정에서 방황하는 이들에게 방향을 알려주는 역할을 한다. 그의 글이 가진 이러한 힘을 헌정시 작가들은 예찬하며, 그를 향한 마음을 진솔하게 담아 시를 바친다.

이 헌정시들은 단순한 찬양의 글이 아니다. 그것은 배선희 작가를 통해 얻은 삶의 지혜와 깨달음에 대한 진솔한 표현이며, 그의 글이 주는 울림과 감동에 대한 감사의 마음이다. 헌정시 속에 담긴 진심은 그가 독자들에게 어떠한 존재로 다가갔는지, 그리고 그의 작품이 독자들의 삶에 어떤 영향을 주었는지에 대한 증거다. 그의 글은 독자들에게 위로와 영감을 주었고, 헌정시 작가들은 그에게 받은 감동을 시의 언어로 되돌려주고 있는 것이다.

배선희 작가에 대한 헌정시는 그를 향한 경의와 감사, 그리고 그의 삶의 철학과 가치에 대한 깊은 공감을 담고 있다. 이러한 헌정시들은 단순히 작가를 칭송하는 것에 그치지 않고, 그를 통해 발견한 삶의 아름다움과 진리, 그리고 그 속에 담긴 인간의 본질적인 가치를 나누는 자리다. 그의 작품이 지닌 따뜻한 위로와 깊은 울림이 헌정시 작가들의 마음에 스며들어, 그 감동을 시의 언어로 풀어낸 것이다. 배선희 작가를 향한 이 진심 어린 헌정은 앞으로도 많은 이들에게 감동과 영감을 전해줄 것이다.

'배선희 작가와 아름다운 동행'을 완성하면서

이 시집을 엮으며 배선희 작가의 작품 세계를 따라가고, 그의 삶의 철학과 가치관을 더 깊이 마주하게 되었다. 시를 통해서 그와 함께 걸어가는 길은 단순히 문학적 향유를 넘어, 삶에 대한 성찰과 깨달음을 얻는 노정이었다. 그의 시 한 편 한 편은 마치 인생의 여정에서 마주하는 다양한 풍경처럼, 때로는 고요하고 때로는 깊이 있는 울림을 남겼다.

시집을 편집하면서 느꼈던 가장 큰 감정은 배선희 작가가 지니고 있는 삶의 본질에 대한 깊은 통찰이었다. 그는 일상 속에서 쉽게 지나칠 수 있는 것들을 예리하게 포착하고, 그 안에 숨겨진 가치를 시의 언어로 승화시켰다. 그의 시는 화려한 수식어나 기교가 돋보이는 것이 아니라, 소박하면서도 진실한 언어로 마음에 닿았다. 그 진솔함은 독자에게 거부감 없이 다가오고, 배선희 작가의 따뜻한 시선을 그대로 전달한다. 이러한 그의 글이 전하는 진솔한 감정과 깊은 사색은 독자들이 인생의 여러 순간들을 다시 돌아보게 만들고, 그 속에서 숨겨진 삶의 본질을 발견할 수 있도록 돕는다.

시집을 엮으며 느꼈던 또 하나의 감정은 배선희 작가와 함께 길을 걸으며 얻게 된 동행의 기쁨이다. 그의 시를 따라가는 길은 단순히 작가의 생각을 따라가는 것이 아니라, 나 자신을 돌아보고 나만의 깨달음을 얻는 시간이었다. 배선희 작가의 시 속에서 나는 내 삶의 많은 순간들을 다시금 떠올리고, 그 순간들이 가진 의미를 새롭게 느낄 수 있었다. 그의 시는 나에게 조용한 위로와 동시에 삶에 대한 깊은 깨달음을 주었고, 그 깨달음이 시집을 완성하는 내내 내 마음을 벅차오르게 했다.

이 시집을 마무리하면서 배선희 작가의 작품이 주는 감동은 단순히 문학적 즐거움에서 끝나지 않는다는 생각이 들었다. 그의 시는 독자들에게 삶의 진실한 모습을 보여주고, 그 속에 담긴 따뜻한 위로와 희망을 전한다. 그의 작품 속에 담긴 도의 정신과 인간에 대한 깊은 애정은 독자들에게 더 나은 삶에 대한 방향성을 제시하며, 그들이 지금 걸어가고 있는 길을 다시 한 번 바라보게 만든다. 시집을 엮으며 배선희 작가의 삶에 대한 통찰력과 그 깊은 깨달음을 마주하면서, 나 또한 그의 작품을 통해 삶을 더 깊이 이해하고 바라보게 되었다.

시집의 편집 과정은 마치 그의 시를 하나하나 음미하며 길을 따라 걸어가는 여정과 같았다. 그의 시가 가진 따스한 감정과 삶의 깊이에 빠져들다 보면, 어느새 나 자신도 그의 시 속에 담긴 사유와 깨달음의 과정에 함께 하고 있었다. 배선희 작가는 시를 통해 인간과 삶에 대한 진솔한 대화를 나누었고, 그 속에서 드러나는 그의 철학과 가치관은 시의 언어를 넘어 나의 마음속에 깊이 자리 잡았다. 그의 시를 통해 나는 일상 속에서 잊고 지냈던 소중한 순간들과 마주하고, 그 순간들이 내 삶에 어떤 의미를 지니고 있는지 돌아보게 되었다.

이 시집을 완성하면서 느낀 또 하나의 감정은 배선희

작가의 작품이 가진 놀라운 힘에 대한 경외감이다. 그의 시는 독자들의 마음에 깊이 스며들어 삶에 대한 새로운 시선과 깨달음을 준다. 삶의 소소한 순간들, 마주하는 고통과 기쁨, 그 모든 것들이 그의 시 속에서 하나의 이야기로 엮여 나오는 과정을 보며, 나는 시가 가진 힘과 그 힘을 통해 독자들에게 전해지는 감동에 다시금 감탄했다. 배선희 작가는 그의 시를 통해 우리에게 삶을 새롭게 바라보고, 그 속에서 작은 기쁨과 희망을 발견할 수 있는 눈을 열어주었다.

시집을 엮는 과정은 나에게도 많은 성찰과 배움의 시간이었다. 배선희 작가의 시 속에서 발견하는 삶의 의미와 가치는 나에게 새로운 영감을 주었고, 그의 시를 통해 나는 삶의 여러 모습을 다시 바라보고 받아들일 수 있었다. 그의 시 속에 담긴 따스함과 진정성은 나의 마음을 깊게 울렸고, 그 감동이 시집을 완성하는 순간까지 나를 이끌었다. 그의 시를 통해 나는 인생의 여정에서 마주하는 여러 감정들을 다시금 돌아보게 되었고, 그 속에서 나만의 깨달음과 희망을 찾을 수 있었다.

이 시집은 단순히 한 작가의 작품을 모아 놓은 것이 아니라, 그의 삶에 대한 철학과 가치관이 담긴 한 편의 이야기다. 배선희 작가와 함께하는 아름다운 동행은 그의 시를 통해 우리 모두가 삶을 다시 한 번 바라보고, 그 속에서 작은 희망과 기쁨을 찾을 수 있도록 해준다. 그의 시를 읽는 것은 마치 그와 함께 길을 걸으며 대화를 나누는 것과 같다. 그 대화 속에서 우리는 삶의 고통과 기쁨, 슬픔과 희망을 함께 나누고, 그 모든 순간들이 가진 진정한 의미를 찾아가는 여정을 함께한다.

마지막으로 이 시집을 완성하면서 느낀 감정은 깊은 감사와 존경의 마음이다. 배선희 작가의 시는 나에게 많은 위로와 영감을 주었고, 그의 시를 통해 나는 내 삶에 대한 새로운 시선을 얻을 수 있었다. 그의 작품을 엮으며 함께 걸었던 그 길이 얼마나 소중하고 의미 있었는지, 그리고 그 길을 걸으며 배운 것들이 얼마나 많은 깨달음과 감동을 주었는지를 되돌아보며, 나는 이 시집이 많은 이들에게도 그러한 의미 있는 동행이 되길 바라는 마음으로 마무리한다.

'배선희 작가와 함께하는 아름다운 동행'은 단순히 한 작가의 시집이 아닌, 삶에 대한 깊은 성찰과 깨달음을 함께 나누는 노정이다.

이 노정을 통해 독자들이 삶의 의미를 찾고, 그 속에서 작은 희망과 따스함을 발견할 수 있기를 바라며, 이 시집을 마무리하는 마음이 그 누구보다 벅차고 감사하다.

길 위에서 그대를 생각하며

청람

길을 걸으며 마주하는 모든 풍경은
그대의 시 속에서 피어나네
소박한 언어로 속삭이는 따스한 위로는
마치 봄날의 햇살처럼 마음을 녹이고

삶의 희로애락을 그린 당신의 손길이
고요한 물결처럼 내게 스며드네

고단한 마음에 잔잔한 위안이 되고
어두운 길 위에 빛나는 등불이 되어

그대의 시는 한 편의 나침반처럼
삶의 방향을 알려주네

희망이 아득한 곳에서도
그대의 언어는 늘 나를 일으키고

고통마저도 품을 수 있는 넓은 가슴
그 가슴으로 품어낸 시어들은
삶의 모든 순간을 아름답게 수놓고
진솔한 당신의 목소리로 말을 건네네

그대와 함께 걷는 이 길 위에서
나는 오늘도 삶의 본질을 배워가네
시 한 줄에 담긴 진정한 사랑과
작은 행복까지도 놓치지 않는 눈빛을
당신의 시로 인해 나는 알게 되었네
삶은 그렇게 조용히 흐르는 물처럼
천천히, 그러나 깊게 마음을 채운다는 걸
당신께 오늘도 진심으로 감사드리네